Desbloqueando el Poder de Tu Pensamiento

John W. Stanko

UrbanPress
PUBLISHING YOUR DREAMS

Urban Press
P.O. Box 8881
Pittsburgh, PA 15221-0881 USA
412.646.2780

Contents

Contents

Introducción

Cuando comencé a escribir el *Memo del lunes* en 2001, por lo general escribía sobre un tema diferente cada semana. Sin embargo, en los últimos años, he estado escribiendo *memos* que son parte de un tema para poder convertirlos en un libro cuando el tema haya culminado su curso. Así es como escribí la mayor parte del contenido de mis cuatro libros de la *serie Desbloquendo (Unlocking)*, junto con

- *Ve y obedece: El llamado de Dios a la acción*

- *Ponme a jugar, entrenador: Vivir una vida audaz*

- *Éxito en Babilonia; Cómo prosperar en un mundo espiritual hostil*

- *El Poder del Púrpura: Mujeres de Propósito en las Escrituras*

- *Los Proverbios, 31 hombres: Hermanos de propósito en las Escrituras*

Hablando de la serie *Desbloqueando*, este será el quinto de lo que espero sea una serie de seis partes de libros para ayudarte a vivir una vida productiva y con propósito. Este *desbloqueo* se agregará a

- *Desbloqueando el poder de tu propósito*

- *Desbloqueando el poder de tu creatividad*

- *Libere el poder de tu productividad*

- *Desbloqueando tu poder*

El sexto y último volumen de la serie será *Desbloqueando el Poder de Tu Fe*, actualmente en proceso.

QUÉ ESPERAR

Todos mis libros *de Desbloqueando* tienen 52 capítulos cortos para que los lectores puedan estudiar uno cada semana durante un año o leer el libro a un ritmo más rápido o más lento. Además, ninguno de los libros de *Desbloqueando* está escrito de forma lineal. En otras palabras, salto de un tema a otro para que los lectores puedan sentirse libres de hacer lo mismo, leyendo el capítulo 14 hoy y el 39 mañana.

Si bien este *Desbloqueando* seguirá el formato de los demás, se enfoca en un tema especial de vital importancia para cada creyente. A pesar de que nuestro pensamiento y los pensamientos resultantes juegan un papel importante en nuestro crecimiento y desarrollo espiritual, el tema mismo de los pensamientos y el pensamiento está lleno de controversia y hay más de unas pocas teorías sobre su relevancia y papel en nuestras vidas espirituales.

Algunos creen que solo somos receptores de ideas de otra fuente, como el Espíritu o el diablo, ya que "dejan caer" pensamientos e ideas en nuestros cerebros flexibles y receptivos. Otros se suscriben a la filosofía de "nómbralo y reclámalo", que dice que si lo pensamos y lo proclamamos el tiempo suficiente, lo recibiremos. Luego está el campo del pensamiento positivo, estrechamente relacionado, donde se nos enseña a tener pensamientos felices si queremos ser felices (sé que eso es una generalización excesiva de cada una de esas categorías). Y algunos simplemente están nerviosos de que cualquier discusión sobre asuntos cognitivos esté peligrosamente cerca de la filosofía de la Nueva Era: tú puede estar entre cualquiera o todos esos campos en lo que *concierne a la epistemología*. (Pensé en lanzar una gran palabra, pero no se deje intimidar. *La epistemología* es simplemente el estudio del conocimiento: de dónde proviene y el papel que tiene en nuestro comportamiento. Cualquier estudio del conocimiento tiene que incluir el pensamiento).

No he tenido un avance mayor o más importante en mi vida en los últimos 15 años que en el área de mi vida mental. He aprendido a eliminar las limitaciones que me impuse a mí mismo y a Dios al confrontar y cambiar mis pensamientos para alinearme con la voluntad de Dios para mí. He aprendido mucho acerca de estos dos pasajes de las Escrituras en lo que concierne a nuestra vida de pensamiento:

> Así que, hermanos, os ruego por las misericordias de Dios, que presentéis vuestros cuerpos en sacrificio vivo, santo, agradable a Dios, que es vuestro culto racional. No os conforméis a este siglo, sino transformaos por medio de la renovación de vuestro entendimiento, para que comprobéis cuál sea la buena voluntad de Dios, agradable y perfecta (Romanos 12:1-2).

> Pues aunque andamos en la carne, no militamos según la carne; porque las armas de nuestra milicia no son carnales, sino poderosas en Dios para la destrucción de fortalezas, derribando argumentos y toda altivez que se levanta contra el conocimiento de Dios, y llevando cautivo todo pensamiento a la obediencia a Cristo, y estando prontos para castigar toda desobediencia, cuando vuestra obediencia sea perfecta (2 Corintios 10:3-6).

La actividad de la mente que debemos renovar es nuestro pensamiento, lo que significa que si queremos la transformación que proviene de ser un ser espiritual en una relación correcta con Dios, entonces debemos involucrarnos con el Espíritu en el nivel de nuestros pensamientos. Él no quiere transformarnos desde fuera de nuestro ser, sino desde adentro. No digas "amén" a esa última declaración demasiado rápido, porque la mayoría de nosotros hemos creído que si obtuviéramos un toque del Espíritu fuera de nosotros a través de la oración o de otros o de Su movimiento soberano en nuestras vidas, entonces seríamos y podríamos ser transformados. Ojalá fuera así de fácil.

El pasaje de 2 Corintios parece implicar, por el contexto, que llevar los pensamientos cautivos a la obediencia de

Cristo implica alguna medida de guerra. Eso indica que el proceso no es fácil y nuestro éxito no está garantizado. Los pensamientos que hemos desarrollado y alimentado durante décadas no desaparecerán en un día. Los temores y las actitudes no se desvanecerán en la presencia de Dios a menos que tomemos medidas específicas para mejorar y permitir el proceso, como Pablo describió:

> Porque los que son de la carne piensan en las cosas de la carne; pero los que son del Espíritu, en las cosas del Espíritu. Porque el ocuparse de la carne es muerte, pero el ocuparse del Espíritu es vida y paz. Por cuanto los designios de la carne son enemistad contra Dios; porque no se sujetan a la ley de Dios, ni tampoco pueden; y los que viven según la carne no pueden agradar a Dios.. . . Así que, hermanos, deudores somos, no a la carne, para que vivamos conforme a la carne; porque si vivís conforme a la carne, moriréis; mas si por el Espíritu hacéis morir las obras de la carne, viviréis (Romanos 8:5-8, 12-13).

Debemos utilizar la ayuda del Espíritu para hacer morir las malas acciones del cuerpo, y una de esas fechorías es el pensamiento que se basa en los "deseos de la carne". ¿Cuáles son esos deseos de la carne? Elijo no entrar en eso aquí, pero parece ser cualquier cosa que no contribuya a lo que Pablo describió como "vida y paz".

En este quinto libro de la serie *Desbloqueando*, quiero compartir lo que he aprendido porque ahora me doy cuenta de que si los otros desbloqueos van a tener lugar (si vas a desbloquear el poder de tu propósito, creatividad, productividad, personalidad o fe), entonces tendrás que aprender o tal vez volver a aprender a pensar.

Permíteme darte una advertencia al terminar esta Introducción: memorizar las Escrituras *no es* la manera de renovar o desbloquear tu pensamiento. Conozco a muchas personas que han memorizado "Dios no nos ha dado un espíritu de temor" (2 Timoteo 1:7), pero luego viven con el terror de que fracasarán o incluso tendrán éxito. Conozco a otros que pueden citar versículos sobre la hospitalidad, la generosidad y las misiones, pero que no están involucrados en ninguno de ellos (y, por supuesto, yo soy culpable de lo mismo). Por lo tanto, debemos aprender a permitir que los versículos memorizados de las Escrituras cambien realmente nuestros pensamientos y luego nuestros comportamientos para que la palabra de Dios tenga el lugar que le corresponde no solo en nuestros corazones sino también en nuestras mentes.

Ahí tienes lo que leerás en las páginas que siguen. Léelo con una mente abierta (esa es otra clave para desbloquear el poder de tu pensamiento, que es examinar tus pensamientos y ajustarlos donde puedan ser defectuosos o incompletos). Lleva un diario de lo que aprendas y luego realiza una cirugía en tus pensamientos con la ayuda del Espíritu para que la vida y la paz que Pablo mencionó sean tuyas en abundancia. Y, por supuesto, habrá muchos consejos sobre cómo aplicar tu nuevo pensamiento al tema del trabajo de mi vida durante las últimas tres décadas: cómo encontrar tu propósito de vida.

John W. Stanko
Pittsburgh, Pensilvania, Estados Unidos
Octubre 2025

Traducido por
Yair Herrera F.
Barranquilla, Colombia
Octubre 2025

Llevando Cautivos Los Pensamientos

Sé desde hace algún tiempo que tengo un problema de salud mental y estoy aprendiendo a enfrentarlo a diario. Esa es la buena noticia. La mala noticia es que tienes la misma condición de salud mental, pero la buena noticia es que puedes lidiar con ella como yo. Examinemos este "problema" juntos mientras comenzamos nuestro estudio de cómo desbloquear el poder de tu pensamiento.

EL PROBLEMA

Aquí hay una definición de enfermedad mental que recuperé de la Alianza Nacional de Enfermedades Mentales:

Una enfermedad mental es una afección que afecta el pensamiento, los sentimientos o el estado de ánimo de una persona. Tales condiciones pueden afectar la capacidad de una persona para relacionarse con los demás y funcionar todos los días. Cada persona tendrá experiencias diferentes, incluso personas con el mismo diagnóstico. La recuperación, que incluye roles significativos en la vida social, la escuela y el trabajo, es posible, especialmente cuando comienza el tratamiento temprano y desempeña un papel importante en su propio proceso de recuperación. Una condición de salud mental no es el resultado de un evento. Las investigaciones sugieren múltiples causas vinculadas. La genética, el medio ambiente y el estilo de vida influyen en el desarrollo de una afección de salud mental. Un trabajo estresante o una vida familiar hacen que algunas personas sean más susceptibles, al igual que los eventos traumáticos de la vida, como ser víctima de un delito. Los procesos y circuitos bioquímicos y la estructura básica del cerebro también pueden desempeñar un papel.

Fíjate en la primera línea: "Una enfermedad mental es una afección que perturba el pensamiento, los sentimientos o el estado de ánimo de una persona". Estoy de acuerdo con la mayor parte de lo que el resto del párrafo dice que es cierto, pero no estoy de acuerdo con un punto. Los expertos dicen que "una condición de salud mental no es el resultado de un evento". Yo diría que es el resultado de un solo evento y ese evento se conoce como nuestra Caída en el Jardín. Cuando Adán y Eva decidieron comer del árbol de la ciencia del bien y del mal, desataron la causa de mi condición mental (y la tuya).

Incluso cuando mi condición mental puede ser causada por la genética o una función cerebral defectuosa, puedo rastrear ese problema hasta la Caída, porque Dios no creó al hombre con ningún defecto (Él declaró que lo que había hecho era "bueno"). El pensamiento pecaminoso era mi problema, es mi problema, y seguirá siendo mi problema, y me atrevo a decir que lo mismo es cierto para ti. Mi pensamiento ha sido tan erróneo durante tanto tiempo que cuando decido enfrentarlo, me enfrento a toda una vida de pensamientos erróneos acumulados. La buena noticia es que el Espíritu está conmigo cuando empiezo a reconstruir mi inventario de pensamientos, como mencioné en la Introducción:

> Porque los que son de la carne piensan en las cosas de la carne; pero los que son del Espíritu, en las cosas del Espíritu. Porque el ocuparse de la carne es muerte, pero el ocuparse del Espíritu es vida y paz. Por cuanto los designios de la carne son enemistad contra Dios; porque no se sujetan a la ley de Dios,

ni tampoco pueden; y los que viven según la carne no pueden agradar a Dios. Mas vosotros no vivís según la carne, sino según el Espíritu, si es que el Espíritu de Dios mora en vosotros. Y si alguno no tiene el Espíritu de Cristo, no es de él (Romanos 8:5-9).

Me doy cuenta de que hay algunos defectos genéticos o lesiones que dificultan o impiden el funcionamiento normal del cerebro, y no me estoy ocupando de ellos. Mi punto es que la función principal de nuestra capacidad mental es pensar y esa función se ha visto afectada y reforzada a través de lo que considero incorrecto o mal pensamiento, lo que ha impactado mis estados de ánimo, actitudes y comportamiento.

MI PENSAMIENTO, TU PENSAMIENTO

¿No es tu pensamiento la fuente de tus sentimientos y estados de ánimo? ¿No es tu pensamiento la fuente de tus (y mías) adicciones a las compras, la ira, el miedo y/o el comportamiento antisocial? Pablo escribió un pasaje útil con respecto a nuestro pensamiento en 2 Corintios 10:4-6:

Porque las armas de nuestra milicia no son carnales, sino poderosas en Dios para la destrucción de fortalezas, derribando argumentos y toda altivez que se levanta contra el conocimiento de Dios, y llevando cautivo todo pensamiento a la obediencia a Cristo, y estando prontos para castigar toda desobediencia, cuando vuestra obediencia sea perfecta.

En esos versículos, Pablo introdujo otra posible causa de mi condición mental y esa es la actividad demoníaca. Mis pensamientos que conducen a mis estados de ánimo y comportamientos pueden tener su origen en poderes sobrenaturales que quieren mantenerme esclavizado y evitar que obedezca a Dios. Todo este pensamiento erróneo requiere cierta medida de resistencia de mi parte si se quiere corregir, como también lo dice nuestra definición anterior: Debemos desempeñar un "papel fuerte" en nuestro propio proceso de recuperación.

Pablo estaría de acuerdo y diría que debemos llevar cada uno de nuestros pensamientos cautivo a la obediencia de la palabra de Dios en el poder del Espíritu. Nuestra voluntad tiene que estar presente para que el Espíritu sea eficaz en hacer eso.

Para que yo juegue un papel en mi recuperación, debo ser consciente de mis pensamientos, tengo que analizar y reflexionar sobre lo que estoy pensando. Debo poner mis pensamientos bajo el microscopio, enviarlos para obtener resultados de laboratorio, o someterlos a una serie de radiografías para determinar si son la fuente de mi condición mental que está obstaculizando mi efectividad y mis relaciones con los demás, y con Dios. Cuando descubro que lo son, entonces debo luchar y pelear una batalla espiritual para cambiar esos pensamientos. Si tomo un "papel fuerte" en el poder del Espíritu, puedo revertir esta condición mental, que parece ser un proceso de toda la vida mientras camino mi fe en Cristo.

No me opongo ni niego el diagnóstico de mi problema, y le insto a que no se resista al suyo también. Yo soy la fuente de mis propios problemas, pero puedo acelerar mi curación si no lucho contra el diagnóstico o la cura, y esa cura es alinear mis pensamientos con los pensamientos de Dios, desbloqueando así el poder de mi pensamiento como Dios lo dispuso. El Espíritu vino a darme la mente de Cristo, y debo estar consciente de que esto no viene naturalmente o fácilmente, sino solo a través de un esfuerzo espiritual libre de mi tendencia a controlar el proceso. Debo dejar de comer del árbol de la ciencia del bien y del mal y deleitarme con el fruto del árbol de la vida. Cuando eso suceda, mi dieta de pensamiento correcto me liberará de mi condición, y hará lo mismo por ti.

Una Fortaleza Tiene Una Fortificación

Examinemos exactamente qué es una fortaleza, ya que a menudo nos referimos a ella como algo que debemos derribar. Podemos asumirlo como algo "allá afuera", como una institución o práctica malvada, pero consideremos la posibilidad de que sea algo "aquí", en tu mente, que puede estar obstaculizando tu crecimiento y progreso espiritual.

RENOVANDO LA MENTE

Comencemos considerando dos pasajes que utilicé como base para un mensaje que una vez prediqué en mi iglesia local:

> "Así que, hermanos, os ruego por las misericordias de Dios, que presentéis vuestros cuerpos en sacrificio vivo, santo, agradable a Dios, que es vuestro culto racional. No os conforméis a este siglo, sino transformaos por medio de la renovación de vuestro entendimiento, para que comprobéis cuál sea la buena voluntad de Dios, agradable y perfecta" (Romanos 12:1-2).

> "Pues aunque andamos en la carne, no militamos según la carne; porque las armas de nuestra milicia no son carnales, sino poderosas en Dios para la destrucción de fortalezas, derribando argumentos y toda altivez que se levanta contra el conocimiento de Dios, y llevando cautivo todo pensamiento a la obediencia a Cristo" (2 Corintios 10:3-5).

¿Puede haber una fortaleza que tenga un fuerte control sobre nuestras mentes? La respuesta es sí. Una fortaleza es una acumulación de pensamientos y creencias a lo largo del tiempo que se convierten en formas establecidas de hacer las cosas o ver el mundo. Por ejemplo, si de niño no te fue bien en matemáticas, comienzas a pensar: "Simplemente no soy bueno en matemáticas". Ese pensamiento se ve reforzado por el bajo rendimiento, que simplemente "demuestra" que no eres inteligente en lo que respecta a las matemáticas. Tal vez los comentarios de los demás reforzaron aún más el pensamiento, por lo que comenzó a temer o evitar las clases de matemáticas.

Cuando llegaste a la universidad y te enfrentaste a tener que tomar una clase de matemáticas, el pánico se apoderó de ti porque sabías cómo eras. El pensamiento se había convertido en un bastión en tu mente, diciéndote una y otra vez que no eres bueno en matemáticas. A pesar de que tus padres trabajaron contigo y te animaron, incluso oraron por ti, la fortaleza permaneció y afectó tu rendimiento. Continuó creciendo y extendiendo sus raíces, por lo que, aunque sobresaliera en otras materias, no era capaz de hacerlo bien en matemáticas.

Otro punto fuerte podría ser tu capacidad o necesidad de usar las redes sociales: "Oh, no soy bueno en eso. De todos modos, no tengo tiempo. También es una pérdida de tiempo". A medida que el mundo continúa digitalizándose y se conecta a través de muchos medios, te resistes a la tendencia porque tienes una fortaleza que realmente te hace temer o detestar las redes sociales. Es posible que no actúes como si tuvieras miedo, mantenerte de esa manera es tu elección no participar. Incluso puedes reforzar tu posición con verdades bíblicas, pero en la mayoría de los casos, has construido un pensamiento que ahora tiene un fuerte control en tu mente. Una vez que pones una fortaleza detrás de una fortificación bíblica o religiosa, se vuelve aún más difícil identificar, confrontar y cambiar, que es lo que realmente estamos tratando de hacer cuando "la derribamos".

FORTALEZAS Y MIEDO

Lo que vi por primera vez cuando prediqué a partir de estos dos pasajes es que una fortaleza en tu mente *siempre* resulta en pánico y miedo cuando esa fortaleza es desafiada o confrontada, al igual que los ejemplos de vida que proporcioné anteriormente. Un ejemplo de esta verdad sobre el miedo se puede ver en la historia de David y Goliat. El ejército tenía una fortaleza colectiva en sus mentes, que era que Goliat era demasiado grande para que cualquiera pudiera luchar y derrotarlo. Cuando la presencia de Goliat se enfrentó a su fortaleza, se aterrorizaron: "Oyendo Saúl y todo Israel estas palabras del filisteo, se turbaron y tuvieron gran miedo" (1 Samuel 17:11) y "Y todos los varones de Israel que veían aquel hombre huían de su presencia, y tenían gran temor" (1 Samuel 17:24).

Puedes memorizar todos los versículos de las Escrituras que quieras, pero si, por ejemplo, hay cáncer en tu familia y la idea de que vas a tener cáncer tiene un fuerte control en tu mente, vivirás con miedo. Los estudios también muestran que la fortaleza puede llevar a que lo que temes se convierta en realidad. Por eso es importante identificar tus fortalezas y enfrentarte a ellas, una por una. He decidido que voy a estar en una misión de búsqueda y destrucción durante los días que me quedan para identificar mis fortalezas del miedo y derribarlas.

¿Cómo puedes derribar tus fortalezas? Puedes hacerlo primero evaluando honestamente dónde están tus mayores miedos. ¿Dónde tienes un miedo firmemente arraigado que parece racional pero que limita tu fe y luego tu caminar? Lo opuesto al miedo no es la incredulidad; es fe, por lo que una fortaleza te impide actuar con fe, ya que la fe es cómo agradas a Dios y tu miedo no te permitirá funcionar con fe, tu fortaleza es una barrera para obedecer y agradar a Dios con fe.

Una vez que reconozcas que una fortaleza tiene un fuerte control sobre tu vida, puedes comenzar el proceso de desmantelarla, desarmarla y reemplazarla. El Espíritu te ayudará a hacerlo, pero no hay atajos. Hay que trabajar para deshacer lo que se ha tardado años en construir. En el próximo capítulo, veremos más a fondo cómo puedes derribar una fortaleza, pero tu tarea ahora es entender el hecho de que tienes algunas y analizar los efectos que producen en tu vida. Luego, prepárate para el proceso de demolición mientras te enfrentas su existencia, examina cómo se volvieron tan fuertes y bien atrincheradas, y determina que deben irse.

Cómo Construir
Una Fortaleza Fuerte

A medida que avanzamos en el proceso que te permitirá desbloquear el poder de tu pensamiento como Dios quiere, el camino hacia este proceso está lleno de escombros de enseñanzas etiquetadas como "nómbralo y reclámalo", "pensamiento positivo" y "mente sobre materia". Tendría sentido, sin embargo, que un tema de esta importancia tuviera oposición y una variedad de falsificaciones y medidas a medias. Nadie hace billetes falsos de $4 porque no hay billetes reales de $4. Solo hay valor en producir una falsificación que tiene alguna base en la verdad y la realidad. Esa es la razón por la que he elegido escribir sobre cómo Dios hizo que nuestro cerebro funcionara y cómo podemos usarlo para trabajar con Él y no contra Él, para exponer lo falso y valorar lo real.

En el último capítulo, vimos una fortaleza y prometí esta semana que veríamos cómo derribar una fortaleza. En lugar de estudiar cómo lidiar con una fortaleza falsificada, pensé en compartir cómo construir una adecuada. Empecemos.

CONSTRUIR UNO

En el último capítulo, definí una fortaleza como "una acumulación de pensamientos y creencias a lo largo del tiempo que se convierten en formas establecidas de hacer las cosas o ver el mundo". Déjame describir cómo construí lo que considero una fortaleza positiva para ayudarte a hacer lo mismo. Luego, en el próximo capítulo, veremos cómo demoler uno negativo.

Hace unos 40 años, me diagnosticaron problemas de espalda. Mi madre había sufrido problemas de espalda, por lo que tenía sentido para mí que pudiera haber heredado esta condición de ella. Un médico me dijo que era solo cuestión de tiempo antes de que necesitara una cirugía para corregir un problema estructural. Se me presentó un pensamiento y tuve la opción de construir un grupo de pensamientos de apoyo que reforzarían ese diagnóstico o construir una colección alternativa que se enfocaría en la curación. Pensé que no tenía nada que perder al elegir construir una fortaleza positiva en torno a la curación. Si me hubiera equivocado, solo hubiera perdido algo de tiempo yal final simplemente me habría operado. Si estaba en lo cierto, había beneficios obvios. A partir de ese día, decidí confiar en Dios para mi curación, a pesar de que tenía dolor. Leí y medité en Éxodo 15:26:

> "Y dijo: Si oyeres atentamente la voz de Jehová tu Dios, e hicieres lo recto delante de sus ojos, y dieres oído a sus mandamientos, y guardares todos sus estatutos, ninguna enfermedad de las que envié a los egipcios te enviaré a ti; porque yo soy Jehová tu sanador" (énfasis añadido).

No era un dolor debilitante y continué con mi vida más o menos normal, seguí las sugerencias de mi médico sobre practicar deportes, trabajar en mi jardín u otras actividades normales no me causarían más daño. Todos los veranos jugaba softbol, iba al quiropráctico al día siguiente y daba gracias a Dios por mi curación. Esto se prolongó durante años. Estaba en la ducha o en el coche y cuando sentía el dolor, daba gracias a Dios por mi curación.

UN RESBALÓN

Después de muchos años de hacer esto, mi esposa y yo estábamos en un crucero con el ministerio para el que estaba trabajando en ese momento. Íbamos caminando por un pasillo hacia una reunión cuando pisé un trozo de apio de una fiesta que acababa de celebrarse en la zona. Mi única pierna voló por los aires y caí aterrizando de espaldas, momento en el que comencé a gritar: "¡Gracias, Señor! ¡Gracias, Señor!" La gente pensaba que estaba herido, pero era todo lo contrario. Por primera vez me di cuenta de que no me dolía la espalda. No sabría decir cuándo se fue el dolor, pero el dolor que debería haber resultado de esa caída estaba ausente, y había desaparecido por un tiempo sin que me diera cuenta. Esa caída tuvo lugar en 1994 y no he tenido problemas desde entonces.

No permití que la idea de la cirugía se apoderara de mi mente. En cambio, construí una fortaleza de que Dios es mi Sanador, reforzando y rodeando ese pensamiento con otros pensamientos consistentes con mi punto de partida. He utilizado ese modelo para construir otras fortalezas para guiar mi pensamiento y comportamiento, como "Puedo escribir más de un libro al año". "Dios no necesita una empresa que me pague. Él mismo puede hacerlo". "Puedo tener energía y ser productivo hasta que muera a una edad avanzada". Al igual que con mi mentalidad de curación, si me equivoco, ¿qué es lo que realmente he perdido? Sin embargo, si estoy en el camino correcto, tengo mucho que ganar.

En el próximo capítulo, examinaremos cómo derribar y reemplazar una fortaleza negativa, pero el proceso implica lo que describí esta semana. Debes encontrar un nuevo pensamiento que se convierta en la base o pilar de tu pensamiento y construir una estructura mental de apoyo o andamiaje a su alrededor. Por ahora, puedes comenzar a construir una fortaleza positiva y piadosa aceptando una verdad simple y eligiendo creerla, sin importar cuánta oposición reciba de los pensamientos conflictivos que asaltan tu mente. Tu trabajo consistirá en encontrar pensamientos y versículos de la Biblia que puedan asociarse con tu nuevo pensamiento. Mientras haces eso, una vez más me inclinaré y agradeceré a Dios por Su poder sanador que demostró ser más fuerte y poderoso que el pronóstico de un médico.

Cómo Construir Una Mejor Fortaleza

¿Alguna vez has pensado o dicho: "Si Dios tan solo me hablara o me mostrara una señal, entonces yo sabría y haría Su voluntad"? No hay nada de malo en eso, excepto si tienes un pensamiento que entra en conflicto con lo que Dios está tratando de decir, entonces es posible que no puedas escucharlo como supusiste que lo harías. Echemos un vistazo en este capítulo a cómo una fortaleza gana un control tan fuerte en tu vida y cómo puedes reemplazarla por otra mejor y más fuerte.

MATAR Y COMER

Si te digo que no pienses en un elefante rosa, eso es exactamente lo que seguirás pensando y visualizando. No puedes simplemente dejar de pensar en algo que tiene un control sobre tu mente, especialmente si también se ha convertido en parte de tu visión del mundo y filosofía de vida. Estableciste ese pensamiento o red de pensamientos a lo largo del tiempo a través de un esfuerzo concertado y repetitivo, por lo que tomará algún tiempo y trabajo derribarlo y reemplazarlo. Veamos cómo Pedro reemplazó una fortaleza en su mente como un ejemplo del cual podemos aprender. Leemos,

> Al día siguiente, mientras ellos iban por el camino y se acercaban a la ciudad, Pedro subió a la azotea para orar, cerca de la hora sexta. Y tuvo gran hambre, y quiso comer; pero mientras le preparaban algo, le sobrevino un éxtasis; y vio el cielo abierto, y que descendía algo semejante a un gran lienzo, que

atado de las cuatro puntas era bajado a la tierra; en el cual había de todos los cuadrúpedos terrestres y reptiles y aves del cielo. Y le vino una voz: Levántate, Pedro, mata y come. Entonces Pedro dijo: Señor, no; porque ninguna cosa común o inmunda he comido jamás. Volvió la voz a él la segunda vez: Lo que Dios limpió, no lo llames tú común. Esto se hizo tres veces; y aquel lienzo volvió a ser recogido en el cielo (Hechos 10:9-16).

Pedro fue criado como un judío kosher, solo comiendo alimentos declarados limpios por la palabra de Dios. Ese pensamiento se había convertido en una forma de vida y en un baluarte en su mente. Entonces tuvo una visión que le decía que comiera cosas inmundas y naturalmente se resistió, diciéndole al Señor que *nunca* haría eso, porque Pedro no creía que el Señor le ordenaría hacerlo.

Justo después de que Pedro tuvo la visión, unos hombres aparecieron donde se estaba hospedando y lo invitaron a ir a la casa de Cornelio. Pedro fue, vio al Espíritu Santo caer sobre los gentiles, y solo entonces se dio cuenta de que Dios le estaba hablando. El resultado iba a ser una nueva forma de pensar o una nueva fortaleza:

> "Cuando comencé a hablar—continuó Pedro—, el Espíritu Santo descendió sobre ellos tal como descendió sobre nosotros al principio. Entonces pensé en las palabras del Señor cuando dijo: "Juan bautizó con agua, pero ustedes serán bautizados con el Espíritu Santo". Y, como Dios les dio a esos gentiles el mismo don que nos dio a nosotros cuando creímos en el Señor Jesucristo, *¿quién era yo para estorbar a Dios?*" (Hechos 11:15-17, énfasis agregado).

TRANSFORMADO POR UNA RENOVACIÓN DE LA MENTE

Pedro preguntó a los que desafiaban lo que él hacía: "¿Quién era yo para pensar que podía interponerme en el camino de Dios?" Eso ciertamente no había detenido a otros líderes judíos, porque pensaron que podían interponerse en el camino de Dios cuando no creían que fuera el camino de Dios, razón por la cual trataron de eliminar a Jesús. Pedro decidió cambiar su forma de pensar y se transformó en un hombre que dio la bienvenida al Reino a samaritanos y gentiles porque permitió que Dios le diera un nuevo pensamiento y construyó un sistema de apoyo a su alrededor: "No os conforméis a este siglo, sino transformaos por medio de la renovación de vuestro entendimiento, para que comprobéis cuál sea la buena voluntad de Dios, agradable y perfecta" (Romanos 12:2). ¿Cómo le sucedió esto a Pedro? Sucedió con la ayuda del Espíritu:

> Porque los que son de la carne piensan en las cosas de la carne; pero los que son del Espíritu, en las cosas del Espíritu. Porque el ocuparse de la carne es muerte, pero el ocuparse del Espíritu es vida y paz. Por cuanto los designios de la carne son enemistad contra Dios; porque no se sujetan a la ley de Dios, ni tampoco pueden; y los que viven según la carne no pueden agradar a Dios. Mas vosotros no vivís según la carne, sino según el Espíritu, si es que el Espíritu de Dios mora en vosotros. Y si alguno no tiene el Espíritu de Cristo, no es de él (Romanos 8:5-9).

Sin embargo, debes tener cuidado de no espiritualizar demasiado este proceso. A pesar de que el Espíritu estaba involucrado, Pedro tuvo que cooperar con la obra del Espíritu. Tenía que estar abierto al hecho de que su antigua fortaleza estaba equivocada o, al menos, estaba incompleta o era inadecuada. Tuvo que tener coraje para considerar el nuevo pensamiento al examinar la visión, los visitantes y su encuentro con Cornelio, y luego llegar y anunciar una nueva conclusión, permitiendo que esa conclusión construyera una red de pensamientos de apoyo en su mente de que Dios estaba dando la bienvenida a los gentiles a Su reino.

¿Qué pasos puedes seguir para construir una nueva fortaleza? Es muy sencillo:

1. Acepta el hecho de que no puedes verlo o saberlo todo y que puedes estar equivocado o solo parcialmente correcto en lo que respecta a tus conclusiones actuales.

2. Escucha a los demás, incluso a aquellos que tienen un punto de vista diferente, sin obligación de estar de acuerdo ni determinación de refutar.

3. Escudriña las Escrituras sin asumir que sabes lo que significa algo. En otras palabras, mantente abierto a ver lo que no has visto.

Si haces tu parte, te prometo que Dios hará la suya y el Espíritu, cuyo trabajo es guiarte y guiarte a toda la verdad, te dará el poder para ser transformado no por algún encuentro sobrenatural, sino por el poder de nuevos pensamientos. Entonces tendrás el coraje de descubrir, confrontar y reemplazar otras fortalezas en tu mente para que puedas ser transformado constantemente en un recipiente para los propósitos de Dios.

Descúbrelo

Continuemos examinando cómo puedes desbloquear el poder de tu pensamiento mirando una vez más la historia de Pedro y su visita a Cornelio en Hechos 10 que comenzamos a ver en la semana cuatro.

DOS VISIONES

La historia de cómo Cornelio y su familia llegaron a conocer al Señor y recibir el Espíritu Santo se centra en dos visiones separadas. Aquí está el primero:

> Una tarde, como a las tres, tuvo una visión en la cual vio que un ángel de Dios se le acercaba.—¡Cornelio!—dijo el ángel. Cornelio lo miró fijamente, aterrorizado.—¿Qué quieres, señor?—le preguntó al ángel. Y el ángel contestó:—¡Dios ha recibido tus oraciones y tus donativos a los pobres como una ofrenda! Ahora pues, envía a algunos hombres a Jope y manda llamar a un hombre llamado Simón Pedro. Él está hospedado con Simón, un curtidor que vive cerca de la orilla del mar (Hechos 10:3-6, NTV).

Fíjate en lo sencilla que era esta visión. A Cornelio se le dijo *exactamente* qué hacer, a dónde ir y a quién llamar. No había lugar para malas interpretaciones a menos que Cornelio no estuviera prestando atención o no quisiera seguir adelante, ninguna de las cuales era cierta. Entonces aprendemos de la visión de Pedro:

> Al día siguiente, mientras ellos iban por el camino y se acercaban a la ciudad, Pedro subió a la azotea para

orar, cerca de la hora sexta. Y tuvo gran hambre, y quiso comer; pero mientras le preparaban algo, le sobrevino un éxtasis; y vio el cielo abierto, y que descendía algo semejante a un gran lienzo, que atado de las cuatro puntas era bajado a la tierra; 1en el cual había de todos los cuadrúpedos terrestres y reptiles y aves del cielo. Y le vino una voz: Levántate, Pedro, mata y come. Entonces Pedro dijo: Señor, no; porque ninguna cosa común o inmunda he comido jamás. Volvió la voz a él la segunda vez: Lo que Dios limpió, no lo llames tú común. Esto se hizo tres veces; y aquel lienzo volvió a ser recogido en el cielo (Hechos 10:9-16).

Nótese que la visión de Pedro no fue tan sencilla. Estaba lleno de símbolos y no representaba directamente el problema que Dios estaba abordando en su vida. En un caso, había direcciones claras; en el otro, había una ambigüedad que dejaba espacio para la interpretación. ¿Por qué la diferencia?

DESCÚBRELO

La razón es que Pedro tenía más historia espiritual con Jesús que Cornelio. Por lo tanto, Jesús esperaba que Pedro considerara lo que vio en su visión y la cadena de eventos que siguieron para llegar a la conclusión que finalmente llegó: "Entonces Pedro, abriendo la boca, dijo: En verdad comprendo que Dios no hace acepción de personas" (Hechos 10:34). Pedro tuvo que observar, procesar y permitir que el Espíritu Santo lo persuadiera y convenciera de la verdad (que Jesús había dicho que era una de las funciones del Espíritu). Pedro lo hizo y desbloqueó el poder de su pensamiento para llegar al conocimiento de la verdad. Tú debes aprender a hacer lo mismo.

A menudo he escuchado a la gente decir: "Si Dios me hablara a mí" y ciertamente creo que Él le habla a la gente. Sin embargo, también me he dado cuenta de que cuando Él habla, es posible que todavía tengamos un papel en averiguar lo que Él dijo. Cuando Él habla literalmente, no es necesariamente un signo de nuestra espiritualidad, sino más bien de nuestra inmadurez como fue el caso de Cornelio. Más adelante en Hechos, cuando Pablo y su compañía estaban tratando de avanzar en su obra misionera, el Espíritu estaba bloqueando su camino. Entonces, una noche, Pablo tuvo un sueño:

> Y se le mostró a Pablo una visión de noche: un varón macedonio estaba en pie, rogándole y diciendo: Pasa a Macedonia y ayúdanos. Cuando vio la visión, en seguida procuramos partir para Macedonia, *dando por cierto que Dios nos llamaba para que les anunciásemos el evangelio* (Hechos 16:9-10, énfasis agregado).

¿Qué hicieron Pablo y su equipo después de que Pablo tuvo el sueño? Se dieron cuenta de lo que Dios estaba diciendo y "concluyeron" que debían ir a Macedonia, que estaba en la dirección opuesta a donde habían estado tratando de ir. Por favor, no malinterpreten, no estoy sugiriendo que caminemos en nuestro propio entendimiento, pero estoy diciendo que la presencia del Espíritu en nuestras vidas está ahí para ayudarnos a tener la mente de Cristo. Eso significa que debemos aprender no solo a pensar los pensamientos de Dios, sino también a cooperar con el proceso de pensamiento de Dios.

Cuanto más viejos somos en el Señor, más se espera que interpretemos y pensemos en los planes o palabras que Dios tiene para nosotros. Sin embargo, cuanto más envejecemos, más estables podemos estar en nuestras formas de pensar y, por lo tanto, nos encontramos a nosotros mismos que estuvimos involucrados en un movimiento previo de Dios para estar resistiendo el próximo movimiento de Dios porque no se ajusta a nuestro modelo mental.

El objetivo de este libro es llevarte más allá del miedo y la duda que te hacen pensar que Dios está tratando de engañarte. Además, debes aprender a tener una mente adaptable y flexible cuando se trata de servir al Señor y entender Su voluntad para tu vida. Dios está obrando dentro de ti sin importar cuánto tiempo lo hayas conocido, y tu pensamiento juega un papel importante para ser transformado a Su imagen, así como para convertirte en un siervo obediente, fructífero y creativo. Espero que esta semana dediques algo de tiempo a tratar de "entender" lo que el Señor te está diciendo con la confianza de que el Espíritu está ahí para ayudarnos y no para impedirnos alcanzar el camino correcto. Una vez que lo descubras, coopera con el proceso y termina el trabajo de construir una nueva fortaleza que coopere con la voluntad de Dios y no te resistas a ella.

Cuida Tu Mente

En este capítulo, veamos algunos versículos de la carta de Pablo a los Filipenses que se relacionan con el tema de tu mente y tus pensamientos.

PIENSA EN TUS PENSAMIENTOS

Pablo nos instruyó acerca de nuestro pensamiento a lo largo de la carta a su iglesia favorita, usando la palabra *mente* cinco veces:

- . . . completad mi gozo, sintiendo lo mismo, teniendo el mismo amor, unánimes, sintiendo una misma cosa (2:2).
- Haya, pues, en vosotros este sentir que hubo también en Cristo Jesús (2:5).
- el fin de los cuales será perdición, cuyo dios es el vientre, y cuya gloria es su vergüenza; que solo piensan en lo terrenal (3:19).
- Ruego a Evodia y a Síntique, que sean de un mismo sentir en el Señor (4:2).
- Y la paz de Dios, que sobrepasa todo entendimiento, guardará vuestros corazones y vuestros pensamientos en Cristo Jesús (4:7).

El último versículo es parte de un pasaje que ahora será nuestro enfoque:

Regocijaos en el Señor siempre. Otra vez digo: ¡Regocijaos! Vuestra gentileza sea conocida de todos los hombres. El Señor está cerca. Por nada estéis afanosos, sino sean conocidas vuestras peticiones delante de Dios en toda oración y ruego, con acción de gracias. Y la paz de Dios, que sobrepasa todo entendimiento, guardará vuestros corazones y vuestros pensamientos en Cristo Jesús. Por lo demás, hermanos, todo lo que es verdadero, todo lo honesto, todo lo justo, todo lo puro, todo lo amable, todo lo que es de buen nombre; si hay virtud alguna, si algo digno de alabanza, en esto pensad. Lo que aprendisteis y recibisteis y oísteis y visteis en mí, esto haced; y el Dios de paz estará con vosotros (Filipenses 4:4-9).

En esencia, Pablo nos estaba instruyendo a cuidar nuestra mente o pensar en nuestros pensamientos a lo largo de su carta. En Filipenses 4, se dirigía a una disputa entre dos mujeres y compañeras obreras del evangelio, Evodia y Síntique. Es de notar que no detalló el problema ni trató de adjudicarlo. En cambio, Pablo instó a todos a enfocar sus mentes en las cosas correctas y alejarlas de la fuente de su contención.

Si querían paz, entonces Pablo les mostró que debían mantener sus mentes teniendo pensamientos que fueran hermosos, admirables, excelentes, dignos de alabanza y puros. Pablo no simplemente les estaba instando a no pensar en sus diferencias. Él les estaba enseñando a "hacer de esas cosas el tema de su consideración reflexiva, reflexionando cuidadosamente sobre ellas" (*Diccionario de palabras del Antiguo y Nuevo Testamento de Vine*).

LA MENTE DE CRISTO

En Filipenses 2:5, Pablo les dijo a sus lectores: "Haya, pues, en vosotros este sentir que hubo también en Cristo Jesús". ¿Es eso posible? A menudo se nos ha enseñado que nuestras mentes y corazones son pozos negros, propensos a vagar por territorio enemigo y, por lo tanto, a desviarnos. Pablo no estaba comprando ese pensamiento y ordenó a sus discípulos que tuvieran la mente y la actitud de Cristo. No les estaba diciendo a sus lectores que vaciaran sus mentes para que Dios pudiera llenarlos. Les aconsejaba que "meditaran, calcularan y razonaran esas cosas para servir a Dios y a los hombres" (*Vine's*).

En otras palabras, Pablo nos dijo que encontráramos un pensamiento piadoso y lo masticáramos, viviéramos, nos enfocáramos en él, lo desarrolláramos y le diéramos vueltas una y otra vez. Escucharemos de Dios cuando dejemos de esperar que Él "suelte" pensamientos en nuestras mentes y pensemos en lo que sea que nos venga a la mente hasta que eso suceda. Debemos desempeñar un papel activo en lo que ocupa nuestra mente, llenándola de cosas buenas, de lo contrario, somos propensos al problema que las dos mujeres tuvieron en la iglesia filipense. Cada uno de nosotros decidirá lo que es correcto e insistirá en que los demás cumplan y estén de acuerdo, y si no lo hacen, entonces los consideraremos "incorrectos" y argumentaremos para hacerlos "correctos".

He descubierto después de 47 años de ministerio que la mayoría de las personas tienen problemas para escuchar al Señor para determinar la voluntad de Dios para ellos. La razón no es porque no sean espirituales o no quieran saberlo. Es porque no se han ocupado de su mente. Desperdician la energía de su mente en ansiedad, preocupación, fantasías, heridas y ensoñaciones, que son comida chatarra para el cerebro. Esa basura obra en contra de la mente del Espíritu y desplaza los pensamientos de Dios.

Si quieres desbloquear el poder de tu pensamiento, entonces debes tomar un papel activo y reemplazar lo negativo con lo espiritual. También debes prestar atención a las palabras y enseñanzas de Pablo en Filipenses. Si haces eso y te ocupas de tu mente y piensas en tus pensamientos, Pablo prometió que tendrás paz. Si eliges, como Adán y Eva, decidir por ti mismo qué pensamientos conservarás y desarrollarás, no estarás a la altura de lo mejor de Dios para tu vida.

Pablo no nos hubiera ordenado tener la mentalidad de Cristo si no fuera posible tenerla en el poder del Espíritu. Te animo a meditar sobre este tema esta semana y a decidirte de una vez por todas a tener la mente de Cristo. Haces tu parte, que es evaluar honestamente tu estado de ánimo, y luego solicitas la ayuda del Espíritu mientras limpias la casa. No te limites a derribar los viejos pensamientos, sino que asegúrate de reemplazarlos por pensamientos que cumplan con los criterios establecidos en Filipenses 4:8-9. Cuando lo hagas, desbloquearás gran parte del poder espiritual que has deseado pero que te ha faltado hasta este momento.

Una Palabra Del Señor

¿Alguna vez has deseado que Dios te hablara cara a cara para que supieras qué hacer? ¿Alguna vez has dicho: "¡Necesito una palabra del Señor!"? ¿No suena como que haría el servir y obedecer a Dios mucho más fácil? Sin embargo, un encuentro directo con Dios durante el cual Él detalla Su voluntad para tu vida no funcionó para Gedeón, y puede que tampoco funcione para ti, especialmente si tu mente está enfocada en tus circunstancias menos que ideales. Antes de que puedas escuchar de Él o comprender el impacto total de lo que Él está diciendo, es posible que necesites desbloquear el poder de tu pensamiento, el tema de este libro. Para probar mi punto, veamos la vida de Gedeón en este capítulo.

¿PODEMOS HABLAR?

Un día, Gedeón estaba ocupado tratando de ganarse la vida cuando el Señor se le apareció y le habló:

> Y vino el ángel de Jehová, y se sentó debajo de la encina que está en Ofra, la cual era de Joás abiezerita; y su hijo Gedeón estaba sacudiendo el trigo en el lagar, para esconderlo de los madianitas. Y el ángel de Jehová se le apareció, y le dijo: Jehová está contigo, varón esforzado y valiente. Y Gedeón le respondió: Ah, señor mío, si Jehová está con nosotros, ¿por qué nos ha sobrevenido todo esto? ¿Y dónde están todas sus maravillas, que nuestros padres nos han contado, diciendo: No nos sacó Jehová de Egipto? Y ahora Jehová nos ha desamparado, y nos ha entregado en mano de los madianitas (Jueces 6:11-13).

¿Cuál fue la respuesta de Gedeón? ¿Estaba asombrado y

no sabía qué decir? ¿Adoraba? ¿Le pidió al Señor más detalles sobre lo que Él quería que hiciera? No, no hizo ninguna de esas cosas. En cambio, básicamente dijo: "¿Podemos hablar?" Gedeón aprovechó la oportunidad para quejarse y decirle al Señor lo mal que estaban las cosas en su vida. Gedeón tenía una palabra y una presencia directas del Señor, pero estaba tan preocupado por su situación que no los trataba como los eventos especiales que eran. Es más, le dijo al Señor lo equivocado que estaba al elegirlo. Afortunadamente, eso no disuadió al Señor, quien pasó a revelar por qué había venido y qué quería que hiciera Gedeón:

> Y mirándole Jehová, le dijo: Ve con esta tu fuerza, y salvarás a Israel de la mano de los madianitas. ¿No te envío yo? Entonces le respondió: Ah, señor mío, ¿con qué salvaré yo a Israel? He aquí que mi familia es pobre en Manasés, y yo el menor en la casa de mi padre (Jueces 6:14-15).

Una vez más, Gedeón convirtió la directiva de Dios en un momento para quejarse, diciéndole al Señor por qué no podía ser él quien hiciera lo que el Señor le estaba indicando. Este es un buen ejemplo de cómo tu pensamiento puede obrar *en contra de* escuchar y hacer la voluntad de Dios, por lo que Pablo señaló que hacer la voluntad de Dios y la transformación personal dependen de cambiar tu forma de pensar: "No os conforméis a este siglo, sino transformaos por medio de la renovación de vuestro entendimiento, para que comprobéis cuál sea la buena voluntad de Dios, agradable y perfecta" (Romanos 12:2). El negocio de tu mente es pensar, por lo que si vas a renovar tu mente, deben estar involucrados nuevos pensamientos o formas de pensar.

NO IMPORTABA

A Gedeón no le importó que recibiera una palabra directa del Señor. Estaba tan obsesionado con sus circunstancias y limitaciones que no podía ver cómo Dios podía usarlo. En realidad, una visita de Dios casi se convirtió en una mala experiencia para Gedeón. Estoy seguro de que nunca *has* hecho lo que Gede**ó**n hizo en este caso. Si es así, entonces sabes de primera mano que incluso una visitación de Dios no siempre es la respuesta a tu inactividad espiritual en la incertidumbre. Una vez que tienes una actitud negativa, no puedes escuchar ni recibir la palabra del Señor que has estado deseando y buscando.

Esta semana, pídele al Señor que te revele si estás actuando como Gedeón en algún aspecto de tu vida. Si es así, entonces descubre lo que Dios ha estado diciendo que no puedes escuchar ni recibir debido a la actitud o mentalidad de tu corazón. La buena noticia es que Gedeón salió de este encuentro con el Señor para hacer grandes cosas y tú también lo harás, pero solo si cambias tu forma de pensar para que no luches contra la palabra del Señor, sino que la recibas para tu vida.

Busca Y Destruye

Examiné a Gedeón en el último capítulo y también veré su historia en los próximos dos. En el capítulo siete, vimos cómo el pensamiento de Gedeón no le permitía recibir una palabra del Señor. De hecho, discutió con el Señor y se quejó ante él en lugar de aceptar lo que el Señor tenía que decir. Me di cuenta de que cuando decimos: "Necesito una palabra del Señor", es posible que todavía no estemos en un lugar para recibir u obedecer esa palabra, hasta que cambiemos nuestra forma de pensar. En este capítulo, echemos un vistazo a un tema sobre el que he escrito muchas veces en el pasado y ese tema es el miedo, que sin duda estaba cerca de la cima de los desafíos de Gedeón cuando despertó a su propósito de vida y a la asignación de Dios.

LA EVIDENCIA

Cuando nos encontramos por primera vez con Gedeón, estaba trillando trigo en un lagar, un lugar inusual para esa actividad. Aprendimos temprano en Jueces 6 por qué estaba haciendo esto allí:

> Los hijos de Israel hicieron lo malo ante los ojos de Jehová; y Jehová los entregó en mano de Madián por siete años. Y la mano de Madián prevaleció contra Israel. Y los hijos de Israel, por causa de los madianitas, se hicieron cuevas en los montes, y cavernas, y lugares fortificados. Pues sucedía que cuando Israel había sembrado, subían los madianitas y amalecitas y los hijos del oriente contra ellos; subían y los atacaban. Y acampando contra ellos destruían los frutos de la tierra, hasta llegar a Gaza; y no dejaban

qué comer en Israel, ni ovejas, ni bueyes, ni asnos. Porque subían ellos y sus ganados, y venían con sus tiendas en grande multitud como langostas; ellos y sus camellos eran innumerables; así venían a la tierra para devastarla. De este modo empobrecía Israel en gran manera por causa de Madián; y los hijos de Israel clamaron a Jehová (Jueces 6:1-6).

Está claro que Gedeón estaba trillando su trigo en un lugar donde a nadie se le ocurriría buscarlo porque tenía miedo, miedo de los madianitas y de su poder para quitarle el poco trigo que tenía:

> Entonces vemos que un ángel del Señor vino a Israel porque Dios escuchó sus gritos de ayuda. Después de que el Señor revela el propósito de Su visita a Gedeón y después de que Gedeón expresó su descontento con la forma en que iban las cosas, leemos: "Y él respondió: Yo te ruego que si he hallado gracia delante de ti, me des señal de que tú has hablado conmigo. Te ruego que no te vayas de aquí hasta que vuelva a ti, y saque mi ofrenda y la ponga delante de ti. Y él respondió: Yo esperaré hasta que vuelvas" (Jueces 6:17-18).

Cuando Gedeón regresó, el Señor le dijo: "¡Pero Jehová le dijo: Paz a ti; no tengas temor, no morirás!" (Jueces 6:23). Más tarde, cuando el Señor mandó a Gedeón que derribara el altar idólatra de su padre, leemos: "Entonces Gedeón tomó diez hombres de sus siervos, e hizo como Jehová le dijo. Mas temiendo hacerlo de día, por la familia de su padre y por los hombres de la ciudad, lo hizo de noche" (Jueces 6:27). Y luego, cuando Dios comisionó a Gedeón para atacar a los madianitas, Él dijo:

> "Aconteció que aquella noche Jehová le dijo: Levántate, y desciende al campamento; porque yo lo he entregado en tus manos. Y si tienes temor de descender, baja tú con Fura tu criado al

campamento, y oirás lo que hablan; y entonces tus manos se esforzarán, y descenderás al campamento. Y él descendió con Fura su criado hasta los puestos avanzados de la gente armada que estaba en el campamento" (Jueces 7:9-11).

Esta evidencia es más que suficiente para demostrar que Gedeón estaba inmerso en el miedo, pero también muestra que Dios estuvo con él en cada paso del camino para ayudarlo a superar sus temores. Lo mismo, amigo mío, es cierto para ti.

ENCUÉNTRALO, CONFIÉSALO, ARRÉGLALO

Para desbloquear el poder de tu pensamiento, debes permitir que el Señor te ayude a enfrentar y superar tus temores. Primero, asume que tienes miedo, ya sea que lo veas o lo sepas. En segundo lugar, armado con esa suposición, emprende una misión de búsqueda y destrucción para exponer tu miedo. Tercero, reconoce que tu miedo a menudo se esconde detrás de disfraces que suenan y parecen ser espirituales: "Estoy esperando en el Señor. Estoy orando por ello. No quiero adelantarme al Señor". Cuarto, pide confirmación, como lo hizo Gedeón, si la necesitas para lo que crees que el Señor te está dirigiendo a hacer. Sin embargo, una vez que lo recibes, es hora de actuar y no demorarte más.

En resumen, debes encontrar, confesar y luego solucionar tu problema de miedo de la misma manera que lo hizo Gedeón. Tendrás que enfrentar tu miedo de frente para que conozcas la verdad y la verdad pueda liberarte. Recuerde, todo comienza asumiendo que tiene miedo, ya sea que le parezca de esa manera o no. Si haces eso, entonces puedes ir a buscar en los recovecos de tu mente y corazón esos pensamientos de miedo de larga data que te han mantenido bloqueado y estancado durante todos estos años. Una vez que hagas esto, se convertirá en una forma de vida y encontrarás una gran libertad y satisfacción en la búsqueda y destrucción del miedo que te ha atrapado solo por Dios sabe cuánto tiempo. Cuando estés listo para aceptar que tienes miedo, pasa al siguiente capítulo.

De Ninguna Manera

Veamos la historia de Gedeón una vez más para ver qué lecciones podemos aprender de su ejemplo para ayudarnos a desbloquear el poder de nuestro pensamiento. En los últimos dos capítulos, examinamos cómo el miedo había afectado el pensamiento de Gedeón y también cómo su baja autoestima y falta de fe le habían impedido aceptar la visitación de Dios como el evento significativo que era. En este capítulo, echemos un vistazo a la mentalidad de Gedeón que gritaba "de ninguna manera" en cada situación.

"¿QUIÉN? ¿YO?"

La actitud de Gedeón también podría etiquetarse como "¿quién soy yo?", ya que siempre se mostraba reacio a confiar en lo que Dios le estaba revelando. Veamos cómo su pensamiento impactó sus acciones con algunos ejemplos:

1. "Entonces le respondió: Ah, señor mío, ¿con qué salvaré yo a Israel? He aquí que mi familia es pobre en Manasés, y yo el menor en la casa de mi padre" (Jueces 6:15). Gedeón había decidido que su orden de nacimiento y el tamaño de su clan, ambos externos y fuera de su control, le impedían hacer algo significativo para el Señor. Incluso cuando el mensajero del Señor estaba de pie frente a él para informarle que Dios estaba con él, se negó a creer que él era el elegido.

2. "Y él respondió: Yo te ruego que si he hallado gracia delante de ti, me des señal de que tú has hablado conmigo" (Jueces 6:17). Gedeón no podía creer que estuviera oyendo correctamente,

así que pidió una señal del Señor de que esa era realmente Su palabra y voluntad. Esto indica que las señales y confirmaciones son para combatir la incredulidad. En otras palabras, cuando pides una señal, es una indicación de que falta tu fe y no una gran fe.

3. "Entonces Gedeón tomó diez hombres de sus siervos, e hizo como Jehová le dijo. Mas temiendo hacerlo de día, por la familia de su padre y por los hombres de la ciudad, lo hizo de noche" (Jueces 6:27). Cuando el Señor le dijo a Gedeón que derribara el altar idólatra de su padre, él exhibió el pensamiento de "¿quién soy yo?" al hacerlo al amparo de la oscuridad.

4. "Y Gedeón dijo a Dios: Si has de salvar a Israel por mi mano, como has dicho, he aquí que yo pondré un vellón de lana en la era; y si el rocío estuviere en el vellón solamente, quedando seca toda la otra tierra, entonces entenderé que salvarás a Israel por mi mano, como lo has dicho" (Jueces 6:36-37). Todavía no convencido, Gedeón pidió dos señales más para confirmar la presencia de Dios y reforzar el hecho de que Dios estaba con él.

5. "Y si tienes temor de descender, baja tú con Fura tu criado al campamento, y oirás lo que hablan; y entonces tus manos se esforzarán, y descenderás al campamento. Y él descendió con Fura su criado hasta los puestos avanzados de la gente armada que estaba en el campamento" (Jueces 7:10-11). Después de todo lo que Dios le había mostrado, Gedeón pidió otra confirmación, la cual Dios proveyó.

Todo eso no fue suficiente para revertir el pensamiento de Gedeón de "¿quién soy yo?" o "de ninguna manera".

Veamos un incidente más y luego describamos la mentalidad que debería haber tenido Gedeón.

MÁS

Cuando Gedeón finalmente tocó la trompeta y reunió a Israel para pelear, leemos: "Y Jehová dijo a Gedeón: El pueblo que está contigo es mucho para que yo entregue a los madianitas en su mano, no sea que se alabe Israel contra mí, diciendo: Mi mano me ha salvado" (Jueces 7:2). En esencia, el Señor se refirió a esto porque Gedeón estaba pensando: *"No hay forma de que pueda ganar a menos que tenga un ejército más grande que mis enemigos"*. Es similar a tu pensamiento que dice: "Necesito una empresa u organización que me apoye y me pague. No tengo la fuerza, la sabiduría o el poder suficientes para hacer lo que Dios me está ordenando hacer". Cuando piensas así, esperas y esperas. ¿Para qué? Por *más, más* dinero, *más* gente, *más* afirmación, *más* confirmación. Sin embargo, Dios no necesita más para usarte. Él solo te necesita, como el Señor trató de decirle a Gedeón:

> Y mirándole Jehová, le dijo: *Ve con esta tu fuerza*, y salvarás a Israel de la mano de los madianitas. ¿No te envío yo? Entonces le respondió: Ah, señor mío, ¿con qué salvaré yo a Israel? He aquí que mi familia es pobre en Manasés, y yo el menor en la casa de mi padre. Jehová le dijo: Ciertamente yo estaré contigo, y derrotarás a los madianitas como a un solo hombre" (Jueces 6:14-16, énfasis agregado).

Ve con la fuerza que tienes. Ese es el pensamiento que también debes tener si vas a desbloquear el poder de tus pensamientos y desplegarlos para hacer la voluntad de Dios en lugar de oponerte a ella. No necesitas más de nada en este momento, excepto más pensamiento correcto. Cuando tengas eso, liberarás al Dios que está contigo como lo estuvo con Gedeón, quien luego te ayudará a escribir, construir, crecer, proclamar, crear u organizar "como un solo hombre (o mujer)". Esta semana, decide de una vez por todas que has terminado con la actitud de

"¿quién soy yo?" y "de ninguna manera", posponiéndola con pensamientos de "¡sí, yo!" y "a la manera de Dios".

Tácticas De Miedo

Sé que prometí que ya habríamos terminado con la historia de Gedeón, pero necesito un capítulo más para terminar. En este capítulo, veamos el cumplimiento de la promesa y declaración de Dios de que Gedeón llevaría al pueblo de Dios a la victoria sobre los madianitas, un papel y una promesa que Gedeón tardó en aceptar.

¡TEN CORAJE O VETE A CASA!

Como ya sabes, reconocer y abordar el miedo juega un papel importante si vas a desbloquear el poder de tu pensamiento. Tu cerebro, o al menos tu pensamiento, está impregnado de miedo y se necesita toda una vida para abordar y desaprender los patrones de miedo que has heredado y aprendido. Hemos visto esta verdad en la vida de Gedeón en los últimos capítulos, pero ahora examinemos el papel que jugó el miedo en la victoria final que experimentó Gedeón.

Primero, leemos cómo el Señor redujo el ejército de Gedeón de 32.000 a 300. Comenzó con un llamado a los voluntarios: "Ahora, pues, haz pregonar en oídos del pueblo, diciendo: Quien tema y se estremezca, madrugue y devuélvase desde el monte de Galaad. Y se devolvieron de los del pueblo veintidós mil, y quedaron diez mil" (Jueces 7:3).

El siguiente paso para reducir el ejército fue utilizar solo a aquellos que "lamían su agua como lo hacía un perro". No discutiré el proceso de selección aquí, excepto para decir que parece que aquellos que se arrodillaron se expusieron descuidadamente a un ataque, mientras que aquellos que ahuecaron el agua con sus manos estaban más alertas y listos para lo inesperado. Después de esto, el Señor tenía Su ejército de 300 hombres que se enfrentarían al ejército madianita muchas veces más grande.

¿En qué estaba pensando el Señor? ¿Por qué haría esto? Vimos en el último capítulo que Él hizo esto para que Israel no se jactara después de la victoria de que su gran ejército había hecho el trabajo. Celebrarían su victoria porque Dios, y solo Dios, la había logrado. Aun así, ¿cuál fue la lección que el Señor aprendió de esa táctica y estrategia?

Sencillamente, el Señor sabía que los madianitas también tenían miedo. A pesar de que tenían un gran ejército que había ejercido el poder y el control sobre Israel durante años, vivían aterrorizados. ¿A qué le tenían miedo? Tenían miedo de las cosas usuales como el hambre, la pérdida de su poder sobre Israel y la muerte. El Señor usó su temor para beneficio de Israel al mandar a Gedeón que hiciera lo siguiente:

> Y repartiendo los trescientos hombres en tres escuadrones, dio a todos ellos trompetas en sus manos, y cántaros vacíos con teas ardiendo dentro de los cántaros. Y les dijo: "Miradme a mí, y haced como hago yo; he aquí que cuando yo llegue al extremo del campamento, haréis vosotros como hago yo. Yo tocaré la trompeta, y todos los que estarán conmigo; y vosotros tocaréis entonces las trompetas alrededor de todo el campamento, y diréis: ¡Por Jehová y por Gedeón!" (Jueces 7:16-18).

EL FACTOR MIEDO

¿Cuál fue el resultado de esta estrategia? "Y los trescientos tocaban las trompetas; y Jehová puso la espada de cada uno contra su compañero en todo el campamento. Y el ejército huyó hasta Bet-sita, en dirección de Zerera, y hasta la frontera de Abel-mehola en Tabat" (Jueces 7:22). Todo lo que se necesitó para que los madianitas entraran en pánico fue pensar que estaban siendo atacados. Cuando escucharon el sonido y vieron las antorchas, sus peores temores se confirmaron y comenzaron a matarse unos a otros en su pánico.

Recientemente se me ocurrió que el diablo tiene una táctica, y esa táctica es el miedo. ¿Por qué? Es porque vive con miedo constante. Es lo que lo motiva, por lo tanto, usa el miedo porque lo conoce muy bien. Considere estos encuentros que Jesús tuvo con demonios que revelaron su terror: "Estaba en la sinagoga un hombre que tenía un espíritu de demonio inmundo, el cual exclamó a gran voz, diciendo: Déjanos; ¿qué tienes con nosotros, Jesús nazareno? ¿Has venido para destruirnos? Yo te conozco quién eres, el Santo de Dios!'" (Lucas 4:33-34). Luego, de nuevo en Lucas 8:28: "Este, al ver a Jesús, lanzó un gran grito, y postrándose a sus pies exclamó a gran voz: ¿Qué tienes conmigo, Jesús, Hijo del Dios Altísimo? Te ruego que no me atormentes".

La forma en que Gedeón podía derrotar a sus enemigos era ser liberado de su propio miedo para que pudiera aprovecharse del miedo de su enemigo. Lo mismo es cierto para ti. Primera de Juan 4:18 nos dice: "En el amor no hay temor, sino que el perfecto amor echa fuera el temor; porque el temor lleva en sí castigo. De donde el que teme, no ha sido perfeccionado en el amor". Si tienes miedo, no es falta de coraje, es falta de amor. A medida que creces en el amor de Dios y estás libre de temor, estás equipado para vencer a los enemigos de Dios que oprimen a Su creación. Edifica en el amor de Dios y el temor no puede permanecer.

¿En qué estás operando, en el miedo o en el amor? ¿Dónde estás viviendo una vida audaz y sin miedo? ¿Dónde no estás viviendo ese tipo de vida? Dios sabe cómo liberarte y usar tu libertad para extender Su reino a donde Él te envía. Les insto esta semana a que se den cuenta de que el miedo es una táctica del enemigo de la cual Dios quiere liberarlos y luego usen su libertad para liberar a otros que están bajo la misma esclavitud en la que una vez estuvieron.

Encontrando El Más

Volvamos a un punto que hice con respecto al pensamiento de Gedeón hace unos capítulos (sí, sé que dije que íbamos a seguir adelante, pero veamos a Gedeón en este capítulo por última vez, lo prometo). Gedeón asumió que necesitaba más si iba a hacer lo que Dios estaba anunciando. *¿Más de qué?* Te preguntarás. ¡Pensó que necesitaba más de todo! Necesitaba más valor, más confirmación de que era el Señor quien le hablaba, más soldados para el ejército, más gracia para que Dios no lo matara en el acto por su obstinación. Puedes ver que el pensamiento de Gedeón era el principal obstáculo que le impedía cooperar con el plan de Dios. Hasta que cambiara su forma de pensar, se iba a quedar donde estaba, haciendo lo que siempre había hecho. Lo mismo es cierto para ti.

En este capítulo, veamos esta misma tendencia (de buscar más) entre los seguidores de Jesús mientras examinamos el momento en que Jesús alimentó a los 5.000. Esta historia se cuenta en los cuatro evangelios, pero he elegido usar el relato de Juan en su evangelio.

NUEVOS PENSAMIENTOS

Así es como Juan comenzó su informe:

Cuando alzó Jesús los ojos, y vio que había venido a él gran multitud, dijo a Felipe: ¿De dónde compraremos pan para que coman estos? Pero esto decía para probarle; porque él sabía lo que había de hacer. Felipe le respondió: Doscientos denarios de pan no bastarían para que cada uno de ellos tomase un poco. Uno de sus discípulos, Andrés, hermano de Simón Pedro, le dijo: Aquí está un muchacho, que tiene cinco panes de cebada y dos pececillos; mas ¿qué es esto para tantos?" (Juan 6:5-9).

Jesús hizo la pregunta para revelar la limitación de los pensamientos y la fe de sus discípulos en ese momento. ¿Quizás Jesús te está haciendo una pregunta? Si es así, puedes estar seguro de que ya sabe la respuesta, pero con toda probabilidad no es así, razón por la cual está preguntando. Por un lado, Felipe hizo un cálculo rápido del costo de alimentar a todos y descartó la idea de Jesús ya que necesitaban más dinero. Por otro lado, Andrés hizo un inventario de lo que tenían a mano y concluyó que sus existencias eran lamentablemente insuficientes para lo que se necesitaría. Al igual que Gedeón, Felipe y Andrés asumieron que necesitaban *más* si iban a actuar y antes de hacerlo, y tal vez pensaron que Jesús era poco realista al considerar tal posibilidad. Por supuesto, Jesús no era el que tenía el problema. Sus discípulos estaban en un error, y esto sigue siendo lo mismo hoy en día.

Jesús hizo la pregunta y preparó este escenario para dar a los discípulos nuevas formas de ver sus problemas y desafíos. Quería que vieran la situación como una *oportunidad*, pero para que lo vieran de la misma manera, tenían que deshacerse de sus pensamientos pequeños y pensar en grandes cantidades. Una vez más, lo mismo es cierto para ti y para mí.

OTRA VEZ MAL

Conoces el resto de la historia de cuando Jesús alimentó a la multitud, pero en caso de que no lo recuerdes, aquí está:

> Y tomó Jesús aquellos panes, y habiendo dado gracias, los repartió entre los discípulos, y los discípulos entre los que estaban recostados; asimismo de los peces, cuanto querían. Y cuando se hubieron saciado, dijo a sus discípulos: Recoged los pedazos que sobraron, para que no se pierda nada. Recogieron, pues, y llenaron doce cestas de pedazos, que de los cinco panes de cebada sobraron a los que habían comido (Juan 6:11-13).

Jesús no necesitaba más dinero ni más panes y peces. Usó lo que tenían en su poder para alimentar a la gente. Este proceso no escapó a la atención de la multitud, que hizo algunos cálculos rápidos por su cuenta y concluyó que había ocurrido un gran milagro. ¿Qué hicieron en respuesta? ¿Dar gracias? ¿Adorar? ¿Pedir oración? No, aplicaron su pensamiento limitado y decidieron coronar a Jesús como su rey:

> Aquellos hombres entonces, viendo la señal que Jesús había hecho, dijeron: Este verdaderamente es el profeta que había de venir al mundo. Pero entendiendo Jesús que iban a venir para apoderarse de él y hacerle rey, volvió a retirarse al monte él solo (Juan 6:14-15).

Lo que vemos en esta historia es un pensamiento malo o equivocado en el frente y en el reverso del milagro, primero por parte de los discípulos y luego de la multitud. Los discípulos deberían haber sabido que Jesús les estaba enseñando una lección y preguntaron:"¿Qué tenías en mente, Señor?" La multitud debería haber preguntado algo como:"¿Qué significa esto para nosotros, Señor? ¿Cuál es la lección de lo que acabas de hacer?" No lo hicieron y Jesús tuvo que hacerse escaso antes de que hicieran algo imprudente (por supuesto, Jesús ya era Rey, así que fue otro ejemplo de pensamiento equivocado por parte de la gente).

¿Y tú? ¿Está Jesús dirigiéndote a hacer algo, pero tu pensamiento dice: "Necesito más, más educación, más tiempo, más dinero, más conocimiento"? ¿Ha hecho Jesús grandes cosas por ti, pero no estás extrayendo la lección correcta de Sus actos, y por lo tanto no estás aplicando esas lecciones a tu propósito o creatividad? Verás, cuando Jesús hace un gran milagro, no es para que puedas hacerlo más famoso. Es para que Él pueda estimular tu fe que te llevará al siguiente nivel de productividad para Él.

Este milagro de la alimentación no fue para resaltar lo que *Jesús* podía hacer, sino para mostrar lo que *Su pueblo* podía hacer con Él en medio de ellos. No necesitas más; sólo lo necesitas a Él, Él siempre es suficiente. Te animo a que mires tu vida esta semana y veas dónde has estado esperando más antes de actuar, dándote cuenta ahora de que cuando actúas, siempre encontrarás más en Él.

El Día De La Marmota

En la película, El día de la *marmota* (Groundhog Day), un hombre del tiempo interpretado por el actor Bill Murray se despierta el 2 de febrero, que en Estados Unidos se llama el Día de la Marmota, pero luego se despierta sólo para encontrarse viviendo ese mismo día una y otra vez. Por lo tanto, el término "Día de la Marmota" ha llegado a significar una experiencia o evento que tiende a repetirse en cada detalle.

De hecho, hubo un ejemplo de este fenómeno en el ministerio de Jesús, y tuvo que ver con el milagro que hemos llegado a conocer como la alimentación de la multitud o la multiplicación de los panes y los peces. Vimos el primer milagro de este tipo en el último capítulo, pero sorprendentemente, el mismo milagro ocurrió poco después, pero los discípulos no se dieron cuenta de las similitudes entre los dos escenarios. Echemos un vistazo al segundo milagro y veamos cómo se aplica a nuestro tema de desbloquear el poder de tu pensamiento.

LADO EQUIVOCADO DE LAS VÍAS

Para la historia de esta segunda multiplicación, veamos el relato de Mateo:

> Y Jesús, llamando a sus discípulos, dijo: Tengo compasión de la gente, porque ya hace tres días que están conmigo, y no tienen qué comer; y enviarlos en ayunas no quiero, no sea que desmayen en el camino. Entonces sus discípulos le dijeron: ¿De dónde tenemos nosotros tantos panes en el desierto, para saciar a una multitud tan grande? Jesús les dijo: ¿Cuántos panes tenéis? Y ellos dijeron: Siete, y unos pocos pececillos. Y mandó a la multitud que se

recostase en tierra. Y tomando los siete panes y los peces, dio gracias, los partió y dio a sus discípulos, y los discípulos a la multitud. Y comieron todos, y se saciaron; y recogieron lo que sobró de los pedazos, siete canastas llenas. Y eran los que habían comido, cuatro mil hombres, sin contar las mujeres y los niños (Mateo 15:32-38).

Es notable que los discípulos no vieron ninguna conexión entre esta multitud y la que Jesús había alimentado anteriormente. Creo que uno de ellos habría dicho: "Oye, esto es igual que antes. ¿Por qué no descubrimos lo que tenemos, oramos por ello y alimentamos a estas personas?" Sin embargo, ninguno de ellos lo hizo, y fue el principio del día de la marmota en términos espirituales. A partir de esto, podemos ver que hasta que aprendieron a cambiar su forma de pensar, estaban destinados, incluso condenados, a repetir el mismo comportamiento durante el resto de sus días. Lo mismo es cierto para ti.

Es muy probable que los discípulos no pensaran en alimentar a la multitud como lo habían hecho anteriormente debido al lugar donde se encontraba esta multitud. La primera multiplicación había tenido lugar en Galilea entre los judíos, pero en Mateo 15, Jesús los había llevado a través del lago a una región con más gentiles. Tal vez no "pensaron" que Dios bendeciría o podría bendecir a esas personas como lo hizo con sus compañeros judíos, por lo tanto, nunca se les ocurrió que Dios quería o podía realizar un milagro similar en ese lado del lago, que para ellos estaba en el lado equivocado de las vías, por así decirlo.

ENDURECIMIENTO DE LOS CORAZONES

En el próximo capítulo, veremos una lección más de estos dos milagros relacionados con nuestro pensamiento, pero por ahora, veamos qué podemos aprender para ayudarnos a desbloquear el poder de nuestro propio pensamiento. Te sugiero que comiences por identificarte con estos discípulos en su situación. Ora: "Señor, soy igual a Tus seguidores en esta historia. Mi pensamiento es limitado, por lo tanto, olvido fácilmente lo que has hecho en el pasado y, en consecuencia, pierdo oportunidades de ser parte de lo que quieres hacer ahora".

En segundo lugar, luego ora: "Dios, abre mis ojos a donde mi pensamiento está limitado o desviado debido a un endurecimiento de mis entrañas". Pídele a Dios que te muestre lo que no puedes ver debido a tu forma de pensar en lo que te concierne a ti, a tu propósito o a otras personas. Los malos pensamientos que no se abordan pueden convertirse en un endurecimiento del corazón, que debes evitar. Una vez que hayas hecho esto, entonces ora estas palabras que Pablo escribió, pero ora por ti mismo:

> Te pido que los ojos de *mi* corazón sean iluminados para que *pueda* conocer la esperanza a la que *me* has llamado, las riquezas de *tu* gloriosa herencia en *tu* pueblo santo, y *tu* incomparablemente grande poder para *mí* el que cree. Ese poder es el mismo que ejerciste cuando *resucitaste* a Cristo de entre los muertos y lo sentaste a *tu* diestra en las regiones celestiales, muy por encima de todo principado y autoridad, poder y dominio, y de todo nombre que se invoque, no solo en el siglo presente, sino también en el venidero (Efesios 1:18-21, Los pronombres en cursiva fueron cambiados por el autor).

Ora esta oración por tu vida y tu trabajo. Ora una y otra vez. Ora con la intención de ver dónde tu pensamiento es deficiente y, por lo tanto, te limita, tal como lo hizo con los discípulos en la segunda alimentación milagrosa. Dios tiene más para ti que una vida de día de marmota en la que estás restringido a que la experiencia de cada día sea más o menos la misma que la del día anterior. No hay límite para lo que Dios puede hacer contigo y por ti , *excepto* en tu propia mente y pensamiento. Te animo a que rompas con la mentalidad y el ciclo del Día de la Marmota, liberado para disfrutar de la euforia de la capacidad de Dios para usarte sin las restricciones que le has impuesto debido a tu pensamiento limitado.

Semana

#13

Una Señal

Examinemos una vez más la historia de la alimentación de la multitud para ver qué puede enseñarnos acerca de cómo pensar. Esta vez, examinaremos los días posteriores a ese milagro. Leemos que los líderes acudieron inmediatamente a Jesús para ponerlo a prueba:

> Entonces los fariseos y los saduceos se acercaron a Jesús, y para ponerle a prueba le pidieron que les mostrara una señal del cielo. Pero respondiendo Él, les dijo: Al caer la tarde decís: "Hará buen tiempo, porque el cielo está rojizo". Y por la mañana: "Hoy habrá tempestad, porque el cielo está rojizo y amenazador". ¿Sabéis discernir el aspecto del cielo, pero no podéis discernir las señales de los tiempos? Una generación perversa y adúltera busca señal, y no se le dará señal, sino la señal de Jonás. Y dejándolos, se fue (Mateo 16:1-4).

Estos son versículos extraordinarios que nos dicen mucho. Empecemos.

UN SIGNO

Jesús acababa de alimentar a una multitud con unos pocos panes y peces, pero los saduceos y fariseos no quedaron impresionados. (Por cierto, esos dos partidos o movimientos se detestaban mutuamente, pero aquí se unieron para tratar de engañar a Jesús, pidiéndole algo que no creían que Él pudiera producir). Verás, los judíos pensaban que el diablo podía hacer señales en la tierra, lo que incluiría alimentar a una multitud, pero estaban pidiendo algo más dramático. Querían ver el sol detenerse o alguna otra "señal del cielo". Le pedían a Jesús una demostración pública absoluta e indiscutible de poder. Cuando le pides a Dios repetidas confirmaciones de Su voluntad para tu vida, puedes estar haciendo lo mismo, pero yo me estoy adelantando.

Jesús básicamente respondió diciendo: "Hay señales a tu alrededor, señales del cielo, y no sabes cómo interpretarlas. Oh, puedes predecir la lluvia cuando ves a la creación de Dios actuando de cierta manera, pero no eres capaz de averiguar quién soy y qué represento a partir de esas mismas señales". Luego acusó a esos líderes de estar en la cama, por así decirlo, con otros dioses refiriéndose a ellos como "adúlteros". No es que hubieran abandonado a su Dios; simplemente habían adoptado mentalidades y actitudes para complementar su adoración a Jehová. Más tarde, Santiago escribió que cuando somos amigos del mundo, también somos "adúlteros" (véase Santiago 4:4).

Jesús prometió a sus oponentes una señal, pero sería la señal de Jonás, quien fue tragado por una ballena en la que pasó tres noches pensando en la voluntad de Dios. Jesús iba a seguir el ejemplo de Jonás y "desaparecer" durante tres días, solo para regresar para establecer su reino y guiar a sus seguidores a la vida eterna. Cuando oras por una señal que confirme la voluntad de Dios, debes recordar que ya has recibido la señal de Jonás.

Si crees en la Resurrección, entonces puedes creer en Dios para cualquier cosa: dinero, sanidad, oportunidades ministeriales, su propio negocio, o sanación de relaciones. Después de todo, si Dios puede resucitar a los muertos, Él puede todas y cada una de las cosas y así tienes tu señal de que Dios está contigo: "Pero si el Espíritu de aquel que resucitó a Jesús de entre los muertos habita en vosotros, el mismo que resucitó a Cristo Jesús de entre los muertos, también dará vida a vuestros cuerpos mortales por medio de su Espíritu que habita en vosotros" (Romanos 8:11).

"YA TERMINÉ"

Luego, Mateo 16:4 relata algo extraordinario, un punto de inflexión en el ministerio de Jesús. Mateo escribió que "Jesús los dejó y se fue". A partir de ese momento, Jesús ya no estaba tratando de debatir y cortejar a los fariseos y saduceos. Después de este encuentro, Él dijo: "Ya terminé. Eres terco de cuello y de corazón duro, y me estoy retirando de ti. Con toda la evidencia, no tienes ningún interés en seguirme a mí o a mis caminos. Ni siquiera una señal del cielo curaría tu incredulidad. Al rechazarme a Mí, habéis rechazado al Padre".

Puede ser difícil aceptar que Jesús había "terminado" con alguien y, por supuesto, no se retiró por completo. Todavía estaba presente de vez en cuando, pero pasó la mayor parte de sus últimos días preparando a sus discípulos en lugar de tratar de discutir y ganarse a los líderes que habían dicho que, en esencia, también habían terminado con Jesús. Nada de lo que Él pudiera haber hecho ganaría su fe y lealtad, incluyendo el regreso de entre los muertos

La buena noticia, como veremos en el próximo capítulo, es que Jesús tomó a sus discípulos, se fue y comenzó a prepararlos más completamente para lo que estaba por venir. La buena noticia para nosotros es que estamos entre ese grupo con el que Él todavía trabaja para ayudarnos a estar en guardia contra la levadura o la enseñanza de los fariseos que siempre están a nuestro alrededor. Esa enseñanza o levadura es realmente el pensamiento de los fariseos al que todos somos susceptibles.

¿Y tú? ¿Le estás pidiendo a Dios una señal antes de aceptar lo que está en tu corazón para hacer? ¿Alguna vez te diste cuenta de que tienes tu señal, que fue la resurrección de Jesús? Fue Su Resurrección la que te mostró la disponibilidad del poder de Dios a tu favor. Fue la Resurrección la que finalmente llevó al derramamiento del Espíritu que ahora vive en ti para empoderarte para llevar a cabo la voluntad de Dios para tu vida. Fue la Resurrección la que colocó a Jesús a la diestra del Padre, donde Él está orando e intercediendo por *ti*.

Tienes la señal de Jonás y no necesitas una manifestación inusual o inesperada, así que puedes estar seguro de que no parecerás tonto ni fracasarás al dar un paso adelante y salir en el propósito de Dios para tu vida. Cuídate de la levadura de los fariseos, que es la visión del mundo de que Dios te debe una explicación completa y una confirmación absoluta antes de esperar que des los pasos de la fe.

Levadura De La Mente

Necesito un capítulo más para terminar nuestra mirada a los milagros llamados la alimentación de la multitud o la multiplicación de los panes y los peces. Nuestro objetivo es identificar dónde y cómo nuestro pensamiento ha puesto limitaciones a Dios y a nosotros mismos como Sus siervos. Después de que Jesús hubo alimentado a la multitud y los líderes se enfrentaron a Él para exigir una señal del cielo, leemos esta historia:

> Llegando sus discípulos al otro lado, se habían olvidado de traer pan. Y Jesús les dijo: Mirad, guardaos de la levadura de los fariseos y de los saduceos. Ellos pensaban dentro de sí, diciendo: Esto dice porque no trajimos pan. Y entendiéndolo Jesús, les dijo: ¿Por qué pensáis dentro de vosotros, hombres de poca fe, que no tenéis pan? ¿No entendéis aún, ni os acordáis de los cinco panes entre cinco mil hombres, y cuántas cestas recogisteis? ¿Ni de los siete panes entre cuatro mil, y cuántas canastas recogisteis? ¿Cómo es que no entendéis que no fue por el pan que os dije que os guardaseis de la levadura de los fariseos y de los saduceos? Entonces entendieron que no les había dicho que se guardasen de la levadura del pan, sino de la doctrina de los fariseos y de los saduceos (Mateo 16:5-12).

Analicemos este pasaje para ver qué podemos aprender para ayudarnos en nuestro estudio de las limitaciones que puede tener nuestro pensamiento en lo que concierne a las cosas de Dios.

"NOS OLVIDAMOS DEL PAN"

Jesús acababa de tener otro encuentro tenso con los judíos y los dejó para que subieran a la barca con su equipo. Su mente estaba en la discusión con la multitud, por lo que advirtió a los hombres que tuvieran cuidado y estuvieran en guardia contra "la levadura" de sus líderes. ¿Qué es la levadura? Es algo pequeño que se introduce en la masa de pan que provoca una reacción para que la masa suba o aumente. La levadura siempre es negativa cuando se usa en la Biblia y a menudo representa pecado o una influencia malsana. Jesús estaba advirtiendo a sus seguidores que evitaran cualquier cosa que pudiera entrar en su ser y en su mente y causar una reacción negativa o llevarlos a una conclusión impía. ¿Qué era eso en este caso? Era la mala enseñanza o el pensamiento de sus líderes lo que exigía una señal del cielo.

La mente de Jesús estaba en un tema, pero desafortunadamente los discípulos tenían sus mentes en otra cosa: el almuerzo. Se habían olvidado de llevar pan, así que a pesar de que Jesús solo había tomado un poco y había alimentado a miles, estaban preocupados por lo que era importante para ellos y no por Él en ese momento. A pesar de que Dios mismo les estaba hablando, no comprendían ni podían comprender lo que Él estaba diciendo porque estaban distraídos con sus propios pensamientos. Si eso les pasó a ellos, les aseguro que nos puede pasar a nosotros.

Fíjate en la diferencia entre cómo respondió Jesús a los líderes y cómo respondió a los hombres. Se tomó su tiempo para explicar lo que estaba tratando de decir después de una suave reprimenda, mientras jugaba al escondite con los líderes, negándose a darles una respuesta directa. Esa es una buena noticia para ti y para mí, porque necesitamos desesperadamente la perspicacia y la paciencia de Jesús si vamos a desbloquear el poder de nuestro pensamiento al eliminar nuestras nociones preconcebidas de lo que *creemos* que sabemos o lo que *creemos que* Él dijo.

CLARIDAD

La buena noticia es que Dios quiere que tengas claridad

de pensamiento y entendimiento en lo que respecta a Su voluntad, pero no siempre es fácil de obtener. Para que eso suceda, debes renunciar a tu enamoramiento o absorción en tres cosas:

1. *Su provisión.* Cuando Dios te habla, es difícil no saltar a las preguntas: *¿Cómo funcionará esto? ¿Cómo me pagarán? ¿Cómo debo proceder exactamente?* Dios te mostrará qué hacer, pero ha dejado una cosa clara: Él puede proveerte y lo hará, independientemente de dónde te encuentres o de lo que te pida que hagas. Recuerda tu pasado para que puedas tener confianza hoy. Él puede multiplicar el pan para alimentarte a ti y a tu familia, sin importar cuántos haya en él.

2. *Tu futuro.* A los discípulos les preocupaba que no tuvieran las provisiones que necesitaban para el lugar al que se dirigían. Dios estará al otro lado de tu lago sin importar a dónde te lleve. Ve el punto número uno y una vez más, recuerda tu pasado.

3. *Tus creencias.* El hecho de que Jesús les estuviera advirtiendo acerca de la enseñanza que habían escuchado toda su vida significaba que habían sido infectados con un virus espiritual que había impactado todos sus "archivos". Era importante que examinaran lo que creían, por qué lo creían, y que hicieran un análisis de virus, actualizaran su software y eliminaran todo lo que fuera inconsistente con Su enseñanza. Una vez escuché a un pastor recomendar que pusiéramos nuestras conclusiones en un tablón de anuncios y no en concreto, porque entonces es mucho más fácil quitarlas y reemplazarlas.

El último punto puede ser el más difícil de todos, ya que requiere que desaprendas lo que escuchaste que no estaba del todo bien o que corrijas cómo recibiste lo que era correcto porque lo convertiste en algo que no estaba destinado a ser. Por ejemplo, podrías haber escuchado un punto de enseñanza que dice que necesitas "dárselo al Señor". Escuchaste eso, pero asumiste que significaba que no debes hacer nada y que Dios hará todo lo que tenga que ver con tu situación de vida. Ese no fue un mal consejo, pero lo aplicaste mal y ahora debes regresar y desaprender y volver a aprender lo que Dios quiso decir cuando lo dijo.

No puedo enfatizar lo suficiente que si los discípulos malinterpretaron a Jesús cuando les estaba hablando cara a cara, entonces has entendido mal a Dios a pesar de que el Espíritu vive en ti. Eso no significa que todos estén equivocados: ni mucho menos. Significa que Dios está contigo, como lo estuvo con los hombres en la barca, para dirigir tus pensamientos a la conclusión correcta, pero solo si se lo permites. Lo único que se requiere de ti es que sometas tus pensamientos a Él y estés abierto a ajustes, ya sean leves o drásticos. Si lo haces, habrás desbloqueado el poder de tu pensamiento porque te negaste a aferrarte obstinadamente a cualquier conclusión, sino que la sometiste gozosamente a la inspección del Maestro para su aprobación o corrección.

Nacer De Nuevo Una Y Otra Vez

Pasemos de las historias de Jesús alimentando a las multitudes al encuentro de Jesús con Nicodemo, el maestro de Israel. En esta historia, aprendemos que Nicodemo se acercó a Jesús para escuchar la palabra más reciente de un hombre de Dios. Juan informó:

> Había un hombre de los fariseos que se llamaba Nicodemo, un principal entre los judíos. Este vino a Jesús de noche, y le dijo: "Rabí, sabemos que has venido de Dios como maestro; porque nadie puede hacer estas señales que tú haces, si no está Dios con él." Respondió Jesús y le dijo: "De cierto, de cierto te digo, que el que no naciere de nuevo, no puede ver el reino de Dios." Nicodemo le dijo: "¿Cómo puede un hombre nacer siendo viejo? ¿Puede acaso entrar por segunda vez en el vientre de su madre, y nacer?" Respondió Jesús: "De cierto, de cierto te digo, que el que no naciere de agua y del Espíritu, no puede entrar en el reino de Dios. Lo que es nacido de la carne, carne es; y lo que es nacido del Espíritu, espíritu es. No te maravilles de que te dije: Os es necesario nacer de nuevo" (Juan 3:1-7).

Echemos un vistazo a algunos de los aspectos más destacados de esta historia para ver cómo contribuyen a nuestro tema de cómo desbloquear el poder de nuestro pensamiento.

LO QUE SABEMOS

Estas son algunas cosas a tener en cuenta sobre esta historia:

1. *Jesús era accesible.* No sabemos cómo Nicodemo llegó a Él o lo encontró, pero Jesús estaba dispuesto a reunirse con él después de Sus "horas de oficina" regulares. Todos los maestros y predicadores deben modelar su conexión con la gente después de esto, porque las personas necesitan ayuda para conectarse o comprender los mensajes y palabras que escuchan.

2. *Nicodemo no hizo ninguna pregunta para empezar.* Simplemente vino y afirmó que Jesús era un hombre de Dios. Había venido, tal vez, para recibir la última palabra del Señor para añadirla a su propio cuerpo de conocimiento, del cual enseñaba.

3. *Nicodemo era el maestro en Israel.* En el versículo 10, Jesús dijo: "Tú eres el maestro de Israel". En el griego, hay un artículo definido antes del maestro, que debería traducirse: "Tú eres *el* maestro de Israel". Nicodemo tenía mucha experiencia y una reputación como un maestro talentoso de la Ley. Él debe haber tenido un seguimiento y una reputación para que Jesús supiera quién era.

4. *Después de que Jesús habló, Nicodemo tuvo muchas preguntas sobre cómo hacerlo.* Jesús dijo que tenía que nacer de nuevo de agua y espíritu y el gran maestro respondió con un "¿cómo puedes? . . . ¿No puede? . . . ¿Puede? . . . ¿Cómo se puede? (Juan 3:4, 9). Cuando se enfrentó a una enseñanza que no se ajustaba a su sistema, Nicodemo buscó desesperadamente cualquier manera de no tener que volver a aprender lo

que había dado su vida para aprender, aplicar y enseñar.

Nicodemo era un fariseo, un grupo que durante un período de 125 años de su existencia como movimiento había hecho de la Ley un conglomerado de reglas que debían seguirse con actos externos de justicia. Jesús básicamente le dijo que su sistema era inútil e incompleto sin un encuentro con la "iglesia" que eventualmente bautizaría en agua a los seguidores de Jesús y el Espíritu que lideraría y guiaría a los seguidores de Jesús.

LAS LECCIONES

¿Qué podemos aprender de este relato para ayudarnos a liberar el poder de nuestro pensamiento?

1. *A menudo tienes que desaprender lo que has aprendido previamente.* Una enseñanza incompleta o una buena enseñanza que hayas procesado y archivado de manera incompleta o incorrecta se alojará en tu cerebro y construirá un elenco de personajes secundarios que actuarán para impedirte llegar a la verdad completa. Nicodemo tuvo que desaprender cómo había procesado la Ley y volver a aprenderla en el poder del Espíritu.

2. *Debes estar dispuesto a desaprender y luego volver a aprender.* Esto requiere un proceso de nacer una y otra vez en lo que concierne a tu mente. A lo largo de los años, he tenido que reevaluar mis conclusiones en lo que respecta a las mujeres en el ministerio, las donaciones y el papel de la Iglesia. Tenía dos opciones: mantener obstinadamente conclusiones anticuadas, incompletas o erróneas (preguntando como Nicodemo, '¿cómo puede ser esto?') o aceptar el hecho de que mi pensamiento original necesitaba ser "bautizado" (incluso ahogado) en el nombre de

Jesús y examinado y reformulado por y a través del Espíritu. Para tener razón, a veces tenía que admitir que estaba equivocado.

3. *Debes estar dispuesto a llevar lo que sabes a Jesús y permitirle que le hable al respecto.* Ten cuidado de no espiritualizar demasiado este proceso. Requiere que hagas más que escuchar un sermón semanal y leer el último libro de moda sobre alguna disciplina espiritual. Significa que siempre estás a la caza de pensamientos y actitudes renegadas que necesitas acorralar y domesticar: "... y llevando cautivo todo pensamiento a la obediencia a Cristo" (2 Corintios 10:5b).

No hay una manera fácil de llevar cada pensamiento cautivo, excepto convertirte en un niño en tu pensamiento una y otra vez. Debes darte cuenta constantemente de que siempre eres el aprendiz, nunca terminas con el proceso de aprendizaje. La buena noticia es que Dios está contigo mientras haces esto porque el Espíritu vive en ti. ¿Dónde te has vuelto como Nicodemo, seguro de lo que sabes y de tu reputación por ese conocimiento? ¿Dónde te enfrentas a posiciones y conclusiones contrarias a lo que piensas? ¿Tu respuesta es "¿Cómo puedo?" o "Habla, Señor, porque tu siervo escucha"? Si quieres desbloquear el poder de tu pensamiento, tendrás que prestar atención a dónde puede estar actualmente atrapado en pensamientos incompletos o rancios para que puedas liberarlo para que piense en otros nuevos.

Receso de Almuerzo

En este capítulo, echemos un vistazo a la historia de la mujer en el pozo en Juan 4 para nuestra próxima lección sobre cómo desbloquear el poder de tu pensamiento. Voy a pasar por alto la conversación de Jesús con la mujer e ir directamente a las secuelas cuando Sus discípulos regresaron con el almuerzo. A partir de ahí, leemos

> En esto vinieron sus discípulos, y se maravillaron de que hablaba con una mujer; sin embargo, ninguno dijo: ¿Qué preguntas? o, ¿Qué hablas con ella? Entonces la mujer dejó su cántaro, y fue a la ciudad, y dijo a los hombres: Venid, ved a un hombre que me ha dicho todo cuanto he hecho. ¿No será este el Cristo? Entonces salieron de la ciudad, y vinieron a él. Entre tanto, los discípulos le rogaban, diciendo: Rabí, come. Él les dijo: Yo tengo una comida que comer, que vosotros no sabéis. Entonces los discípulos decían unos a otros: ¿Le habrá traído alguien de comer? Jesús les dijo: Mi comida es que haga la voluntad del que me envió, y que acabe su obra. ¿No decís vosotros: Aún faltan cuatro meses para que llegue la siega? He aquí os digo: Alzad vuestros ojos y mirad los campos, porque ya están blancos para la siega. Y el que siega recibe salario, y recoge fruto para vida eterna, para que el que siembra goce juntamente con el que siega. Porque en esto es verdadero el dicho: Uno es el que siembra, y otro es el que siega. Yo os he enviado a segar lo que vosotros no labrasteis; otros labraron, y vosotros habéis

entrado en sus labores (Juan 4:27-38).

Echemos un vistazo más de cerca a este pasaje para ver qué podemos aprender.

SORPRESA, SORPRESA

Cuando los discípulos regresaron, se llevaron algunas sorpresas. La primera era que Jesús estaba solo y le hablaba a una mujer, nada menos que a una mujer samaritana, algo que los rabinos habían enseñado regularmente que no se debía hacer con una mujer judía, y mucho menos con una samaritana odiada. Juan informó décadas más tarde, cuando escribió su evangelio, "Porque los judíos no se asocian con los samaritanos" (Juan 4:9b). Nótese el tiempo presente en el que los judíos todavía no querían tener nada que ver con los samaritanos años después de que Jesús ya no estaba en escena. Así de profundo era su odio y desdén por esa etnia. Tal vez su sorpresa también fue que esta mujer estaría interesada en cualquier cosa que Jesús tuviera que decir, o que incluso pudiera comprenderlo.

Entonces los discípulos se sorprendieron de que Jesús no tuviera hambre. Supongo que fueron a almorzar porque todos estaban hambrientos y necesitaban un estímulo por la tarde, pero allí estaba Jesús, obviamente entusiasmado y ya no interesado en la comida que habían comprado. A propósito, me pregunto dónde pudieron conseguir comida en el corazón de Samaria que satisficiera sus necesidades judías. Supongo que los samaritanos, que eran en parte judíos, mantuvieron las leyes kosher como lo hicieron, pero no lo sabemos con certeza. Sea como fuere, habían hecho su recado, pero Jesús parecía no tener hambre. Dijo que tenía comida para comer de la que no sabían nada y que era para hacer la voluntad de Su Padre.

UNA SORPRESA MÁS GRANDE

A menudo he enseñado que una indicación del propósito de tu vida es ser capaz de hacer algo y olvidar qué hora es, incluso si es hora de comer. Si puedes tocar el piano y te das cuenta: "Oh, Dios mío, son las 3 p.m. y me perdí el almuerzo", entonces el piano tiene algo que ver con tu propósito.

Su propósito cumple la declaración de que "no solo de pan vivirá el hombre, mas de todo lo que sale de la boca de Jehová" (Deuteronomio 8:3b). El propósito de Jesús era "buscar y salvar a los perdidos" (Lucas 19:10), por lo que cuando involucró a esta mujer en su propósito, no estaba tan hambriento como lo había estado cuando los discípulos se fueron. Lo mismo es cierto para ti cuando estás en tu propósito.

Sin embargo, a los discípulos les esperaba una sorpresa aún mayor, ya que su hora de almuerzo se convirtió en un avivamiento de dos días:

> Muchos de los samaritanos de ese pueblo creyeron en él debido al testimonio de la mujer: "Él me contó todo lo que yo hice". Cuando los samaritanos fueron a verlo, le rogaron que se quedara con ellos, y se quedó dos días. Y debido a sus palabras, muchos más se convirtieron en creyentes (Juan 4:39-41).

Jesús y su séquito habían salido de Judea después de un acalorado intercambio con los fariseos y pensaron que iban a regresar a Galilea cuando se les presentó una oportunidad inesperada de ministerio en Samaria. Jesús había prometido que serían pescadores de hombres, pero asumieron que sería en su tierra natal, no en el territorio de sus enemigos. Como si no hubieran tenido suficientes sorpresas por un día, Jesús les dijo que estaban a punto de cosechar una cosecha de la semilla que había plantado en el corazón de la mujer cuando muchos salieron a verlo por sí mismos. Esos hombres que fueron a buscar el almuerzo de repente estaban ayudando a recoger una captura de almas para el Reino. Cuando regresaron, tuvieron que cambiar su forma de pensar sobre la comida, los samaritanos, el Reino, el ministerio y lo que motivaba e impulsaba a Jesús a hacer lo que hizo.

Ese es el punto final de esta historia. Cuando estás en tu propósito, Dios quiere que lo cumplas más de lo que lo haces. Al igual que Jesús lo hizo en esta historia, Él va delante de ti para preparar los corazones y las mentes. Estás cosechando frutos con propósito para los cuales no plantaste ni regaste, Jesús lo hizo en tu nombre. Él quiere que des fruto en tu propósito, por lo que promoverá y despertará el interés en los demás por tu presencia. Todo lo que tienes que hacer es presentarte y cosechar las recompensas, tal como lo hicieron estos hombres en Samaria. Si quieres desbloquear el poder de tu pensamiento en lo que concierne a tu propósito, entonces no debes pensar en lo que podrías hacer y, en cambio, enfocarte en cómo puedes hacer lo que Dios ha puesto frente a ti para que lo hagas.

¿Qué puedes hacer y olvidarte de almorzar? ¿Dónde supera el gozo del Señor tus necesidades físicas y te da energía para actuar y producir? ¿Dónde es que cuando apareces, suceden cosas buenas para ti y a través de ti? ¿Dónde tienes la sensación de que estás disfrutando de los frutos del trabajo de otra persona? Eso no se debe a nada que hayas hecho; es simplemente la cosecha debida a la semilla que Jesús ha sembrado en las mentes y corazones de su "audiencia". Solo debes estar preparado para sorprenderte constantemente de lo que puedes hacer en Él, o más bien de lo que Él hará por ti (y dónde lo hará) que te traerá el éxito del propósito.

Misioneros del Pensamiento

Recientemente, durante una grabación de video para mi sitio web, estaba hablando de lo importante que es ponerse en contacto con tu corazón y no solo con tu cabeza o intelecto si vas a descubrir tu propósito. Es el corazón donde Dios escribe sus mandamientos. Es el corazón donde el Espíritu de Dios se comunica con Sus hijos. Es el corazón el que alimenta la boca, como Jesús nos informó: "porque de la abundancia del corazón habla la boca" (Lucas 6:45b). Esta es una introducción perfecta a este capítulo, que se centra en la historia de cuando Jesús instruyó a sus discípulos sobre el perdón en Mateo 18. Vamos allí ahora.

¿CUÁNTAS VECES?

En Mateo 18, Jesús enseñó a sus seguidores cómo enfrentar el pecado en la iglesia: Si una persona peca, vaya a ella, y si no escucha, tome una delegación, y así sucesivamente. Es interesante que Pedro concluyó correctamente que Jesús no solo se refería a la disciplina de la iglesia, sino también al perdón, porque le preguntó al Señor poco tiempo después de Su enseñanza: "Señor, ¿cuántas veces perdonaré a mi hermano o hermana que peca contra mí? ¿Hasta siete veces? (Mateo 18:21). Parece que Pedro venía al Señor esperando algún tipo de elogio por su pregunta, ya que en su mente estaba demostrando que había descubierto cómo hacer lo que Jesús les había enseñado a hacer.

¿Por qué habría preguntado Pedro qué hizo, suponiendo que ganaría la aprobación y afirmación de Jesús? Esto se debe a que la enseñanza rabínica de la época era que no se debía conceder perdón por una tercera ofensa. Pedro, por lo tanto, le estaba mostrando a Jesús hasta dónde estaba dispuesto a llegar con su enseñanza, perdonando tres veces y media más de lo que los rabinos habían sugerido. En la terminología moderna, Jesús entonces "dejó boquiabierto a Pedro" al poner un freno a la muestra de magnanimidad de Pedro: "No os digo siete veces, sino setenta y siete veces" (Mateo 18:22). Echemos un vistazo rápido a la mente de Pedro para ver qué podemos aprender para ayudarnos a desbloquear el poder de nuestro pensamiento.

DESAPRENDER

Pedro probablemente había escuchado durante la mayor parte de su vida: "Perdona una vez, perdona dos veces, pero no más". Pensó en ello y esa "verdad" se había arraigado, por así decirlo, en su mente. Piensa en esa enseñanza como un misionero del pensamiento. El concepto se instaló y comenzó a construir una comunidad de pensamientos a su alrededor, como un misionero que va a otra cultura para hacer o enseñar conversos. Con el tiempo, ese pensamiento de perdonar dos veces construyó un pueblo y luego, finalmente, un pueblo y una ciudad de pensamientos similares y de apoyo.

Por lo tanto, cuando Pedro escuchó la enseñanza de Jesús, estaba buscando una manera de agregar Su enseñanza como un vecino amistoso a su grupo existente de pensamientos de perdón. Sin embargo, Jesús no permitió que Pedro hiciera eso y cerró su enseñanza sacando a Pedro de su cabeza y llevándolo a su corazón: "Así tratará mi Padre celestial a cada uno de vosotros, si no perdonáis de corazón a vuestro hermano" (Mateo 18:35). En este caso, Pedro necesitaba un nuevo pensamiento del corazón que se convirtiera en otro misionero del pensamiento, entrando en la mente de Pedro para desplazar los viejos pensamientos sobre el perdón limitado. Ese nuevo pensamiento necesitaría tiempo para crear su propia aldea de pensamientos de apoyo para ayudar a aplicar y vivir las enseñanzas de Jesús.

En otras palabras, Pedro tuvo que desaprender lo que había aprendido y, con la ayuda de su corazón, reeducar su mente para pensar de nuevo. Necesitaba enviar misioneros de nuevo pensamiento que no tuvieran sentido en base a lo que le habían enseñado, pero que con el tiempo equiparían a Pedro para expresar y fluir en las nuevas directivas de Jesús. Tú necesitas lo mismo. Cuando leas "Sé generoso", si no desaprendes lo que crees que sabes acerca de la generosidad, harás lo que hizo Pedro. Irás al Señor con el nuevo nivel de "porcentaje" de tus ofrendas, pensando que estás siendo magnánimo, solo para escuchar al Señor decir: "¡No quiero el 10%, lo quiero todo!"

Si no desaprendes tu suposición de que eres demasiado joven o demasiado viejo para hacer la voluntad de Dios, tu mente también se sorprenderá cuando el Espíritu te diga: "Quiero que vayas aquí o allá *ahora*". Si no envías a algunos misioneros del nuevo pensamiento para que conviertan tus viejos pensamientos cuando leas que Jesús te ordena perdonar a tus enemigos que te lastimaron, dirás: "¡De ninguna manera!"

¿Tu corazón y tu mente están trabajando juntos para renovar y reeducar tu mente? ¿Estás enviando misioneros de pensamiento en el poder del Espíritu desde tu corazón hasta tu cabeza? ¿Estás dispuesto a dejarte volar la cabeza con nuevos pensamientos que luego puedan establecerse y aliviar los viejos para crear una nueva colonia de creencias que conducirán a nuevas acciones? Espero que lo seas, porque no hay otro camino que desaprender y luego volver a aprender lo que necesitas para ser transformado en una nueva criatura conforme a la imagen de Cristo.

Con Dios

En nuestra búsqueda por desbloquear el poder de nuestro pensamiento, hemos visto en varias ocasiones cómo Jesús actuó y luego enseñó a los discípulos, confrontando constantemente su pensamiento y suposiciones limitadas o mal aplicadas. Los discípulos vieron a Jesús hablando con una mujer samaritana, lo escucharon advertir contra las enseñanzas de los fariseos y lo presenciaron alimentar a una multitud con unas pocas sobras de comida en dos ocasiones. En cada caso, los hombres lucharon por comprender lo que Jesús estaba haciendo y diciendo, no porque fueran rebeldes u obstinados, sino porque los pensamientos que tenían eran inadecuados para procesar los eventos que veían.

En otras palabras, necesitaban nuevos pensamientos si iban a aplicar lo que veían y oían, lo cual Jesús se complacía en proporcionar. En este capítulo, examinemos otra historia que llevó a los seguidores a nuevos lugares en sus mentes y es el encuentro de Jesús con el joven rico en Marcos 10:17-31. Si lo deseas, lee esos versículos antes de seguir adelante.

¿QUIÉN, ENTONCES?

Cuando Jesús le dijo al joven que vendiera lo que poseía y lo siguiera, el hombre que se arrodilló ante Jesús se quedó cabizbajo: "Pero él, afligido por esta palabra, se fue triste, porque tenía muchas posesiones" (Marcos 10:22). Entonces Jesús hizo un comentario sobre lo que acababa de suceder: "Entonces Jesús, mirando alrededor, dijo a sus discípulos: ¡Cuán difícilmente entrarán en el reino de Dios los que tienen riquezas!" (Marcos 10:23). Una vez más, los discípulos se quedaron estupefactos: "Los discípulos se asombraron de sus palabras" (Marcos 10:24a) solo para que Jesús recalcara el punto aún más enfáticamente:

"¡Hijos, ¡cuán difícil les es entrar en el reino de Dios, a los que confían en las riquezas! Más fácil es pasar un camello por el ojo de una aguja, que entrar un rico en el reino de Dios" (Marcos 10:24-b-25).

Sus palabras tuvieron su efecto habitual: "Ellos se asombraban aún más, diciendo entre sí: ¿Quién, pues, podrá ser salvo?'" (Marcos 10:26).

Es interesante que los discípulos no dirigieran su pregunta al Señor mismo, pero no importaba. A continuación, les dio una explicación aún más detallada del incidente con el joven gobernante y lo que representaba. Entre los judíos prevalecía que Dios favorecía a los ricos porque habían guardado la Ley. El joven gobernante no estaba tan seguro de eso, así que vino a recibir la confirmación y el consuelo de Jesús, quien rompió su pretensión de que la riqueza era una señal segura de la bendición de Dios. Los discípulos compartieron la consternación del joven y se asombraron, preguntando: "¿Quién, pues, podría salvarse si el rico de todos los pueblos no podía?"

EL RESTO DE LA HISTORIA

Jesús respondió a su pregunta con un nuevo pensamiento para que lo consideraran, un pensamiento misionero que echaría raíces y crecería en sus mentes para reemplazar su antiguo proceso de pensamiento: "Jesús los miró y dijo: 'Para el hombre esto es imposible, pero no para Dios; todas las cosas son posibles para Dios'". Hay dos maneras de interpretar esto. Una es que Dios puede salvar a los ricos a pesar de los obstáculos y, en cierto sentido, eso es ciertamente correcto. Sin embargo, hay un mensaje más sutil pero apropiado más allá de la capacidad de Dios para salvar a ese hombre rico o a cualquier persona rica.

Lo que Jesús dijo no es una declaración que pruebe que todas las cosas son posibles para Dios. *Más bien es una declaración de que nada es imposible para una persona que camina y trabaja con Dios.* La primera interpretación pone todo el énfasis y la responsabilidad en Dios; la segunda afirma que las personas tienen un papel en el abandono de su obediencia en asociación con Dios.

Jesús le dijo al joven gobernante: "Si me sigues, podrás obtener la vida eterna que buscas. ¡Caminaré contigo y te ayudaré a hacer lo que te parece imposible hacer!" Esa verdad es consistente no solo para la salvación y la vida eterna, sino también para llevar a cabo tu propósito y creatividad a lo largo del camino. No puedes esperar que Dios haga lo que solo tú puedes hacer, pero cuando haces lo que puedes hacer, Dios caminará contigo. Si vas y caminas con Dios, *todas* las cosas son posibles.

¿Qué estás posponiendo porque, en tu mente, Dios tiene que hacerlo? Te insto a que ajustes tu forma de pensar para ver que Dios realmente lo hará, pero *solo* si *tú haces* algo primero. Tú eres Su agente que debe ir y llevarlo consigo a donde quiera que vaya, ya sea a su taller, estudio, oficina, salón de clases, familia o iglesia. Necesitas más pensamientos de acción y menos pasivos si vas a hacer lo imposible, no solo soñar con grandes cosas, sino lograrlas con Él.

Esa es la única manera de entrar en el Reino, que era en realidad el asunto en juego cuando el joven hizo su pregunta. Que seas valiente para recurrir al poder de Dios para que puedas hacer las cosas que Dios ha puesto en tu corazón para hacer para extender Su reino en el que has sido hecho ciudadano y socio.

Pensamiento Aburrido

Los últimos capítulos se han centrado en los intentos de Jesús de ayudar a sus discípulos a tener nuevos pensamientos que les permitieran a ellos (y a nosotros) desbloquear el poder de su pensamiento. Ahora pasemos a Mateo 15 para examinar otro encuentro entre Jesús y los fariseos, cuyo pensamiento estaba distorsionado por la tradición y las suposiciones de lo que Dios quería en diversas situaciones. A medida que sigas leyendo, no busques aumentar tu ya negativa visión de los fariseos, sino con la intención de determinar si eres como ellos en esta historia.

LAVADO

Los fariseos se acercaron al mejor maestro de su época que estaba impactando a toda la nación para hacerle una pregunta. ¿Eligieron preguntar algo importante que contribuyera a una comprensión más profunda de Dios? Ellos no lo hicieron, sino que querían saber por qué no se lavó las manos:

> En ese momento, algunos fariseos y maestros de la ley religiosa llegaron desde Jerusalén para ver a Jesús. —¿Por qué tus discípulos desobedecen nuestra antigua tradición?—le preguntaron—. No respetan la ceremonia de lavarse las manos antes de comer (Mateo 15:1-2).

Cuando los fariseos se lavaban, lo hacían cuidadosamente hasta los codos, pero nunca observaron a Jesús haciendo lo mismo. Por lo tanto, se acercaron al Rey del universo para hablar sobre su tradición de cuánto se debe limpiar el brazo antes de comer. Ese es el poder que la tradición tiene no solo en tu pensamiento, sino también en tu capacidad para discernir las prioridades de Dios. Eventualmente asumes que tu tradición es lo que Dios quiere y debe ser observada por *todos*.

Jesús resumió lo que habían hecho diciendo: "y entonces anulan la palabra de Dios por el bien de su propia tradición" (15:6b). Luego Jesús llamó a la multitud para que se acercara y oyera. "Escuchen—les dijo—, y traten de entender. Lo que entra por la boca no es lo que los contamina; ustedes se contaminan por las palabras que salen de la boca" (15:10-11). Sus palabras tuvieron el doble efecto de enseñar al pueblo y reprender a los fariseos, que cada vez eran más "desgastados" e irrelevantes para Dios y el pueblo debido a sus tradiciones sin sentido.

"NO LO ENTIENDES"

Entonces los discípulos se acercaron y le preguntaron: —¿Te das cuenta de que has ofendido a los fariseos con lo que acabas de decir? (15:12). Jesús entonces les dio un consejo que ustedes también harían bien en seguir: "Dejadlos; son ciegos guías de ciegos; y si el ciego guiare al ciego, ambos caerán en el hoyo" (15:14). Jesús esencialmente les dijo que dejaran de prestar atención a la voz de la tradición y lo escucharan. Llegados a este punto, estoy seguro de que estás pensando, si no diciendo en voz alta: "Sí, así es. ¡Escuchen la voz de Dios!" Sin embargo, antes de ser demasiado engreído en su evaluación, mire un poco más allá:

> Entonces Pedro le dijo a Jesús: —Explícanos la parábola que dice que la gente no se contamina por lo que come. —¿Todavía no lo entienden?—preguntó Jesús—. Todo lo que comen pasa a través del estómago y luego termina en la cloaca, pero las palabras que ustedes dicen provienen del corazón; eso es lo que los contamina (15:15-18).

Los discípulos no entendieron el verdadero mensaje porque estaban tan inmersos en la tradición como los fariseos. No entendieron lo que Jesús estaba diciendo, así que continuó explicando que no se refería a lavarse las manos o comer (o no), sino a la condición del corazón. ¿Qué hizo Jesús después? Él llevó a los hombres a una excursión para demostrar Su lección, tal como Él está tratando de hacer por ti:

> Saliendo Jesús de allí, se fue a la región de Tiro y de Sidón. Y he aquí una mujer cananea que había salido de aquella región clamaba, diciéndole: "¡Señor, Hijo de David, ten misericordia de mí! Mi hija es gravemente atormentada por un demonio" (15:21-22).

Respondiendo él, dijo: "No está bien tomar el pan de los hijos, y echarlo a los perrillos" (15:26). ¿No es interesante que Mateo conectara esta historia en su narración del evangelio con la lección de lavarse las manos y la condición del corazón que Jesús acababa de enseñar? Lo hizo para mostrarles claramente el entendimiento correcto de Su enseñanza.

Cuando Jesús le habló a esta mujer de una manera que parecía ser tan dura, estaba reflejando para los hombres la actitud de su propio corazón hacia las mujeres, los gentiles y las personas necesitadas. Lo escucharon, lo vieron y vieron la respuesta de Jesús sanando a la hija de la mujer, pero aún así no lo entendieron. ¿Cómo lo sé? Lo sé porque en Hechos 10:13-15, una visión de una sábana vino a Pedro:

> Y le vino una voz: "Levántate, Pedro, mata y come." Entonces Pedro dijo: "Señor, no; porque ninguna cosa común o inmunda he comido jamás." Volvió la voz a él la segunda vez: "Lo que Dios limpió, no lo llames tú común."

Pedro había escuchado las enseñanzas de Jesús en Mateo 15, pero unos años más tarde todavía se aferraba a sus costumbres kosher mientras también consideraba a los gentiles impuros. Al igual que en Mateo 15 cuando Jesús llevó a los hombres al encuentro con la mujer sirofenicia, después de su visión de sábana, Jesús llevó a Pedro a la casa del centurión romano Cornelio. A pesar de que Jesús le había hablado a Pedro y le había enseñado cara a cara, todavía no lo entendía. Es muy probable que estemos en la misma condición.

¿Dónde está tu tradición, ya sea lo que haces o crees, lo

que te impide escuchar y hacer la voluntad de Dios? ¿Dónde has asumido que tu tradición es la voluntad absoluta de Dios para *todas* las personas, no solo para ti? ¿Dónde está tu pensamiento torpe como lo era el de Pedro? ¿Dónde está tu prejuicio que te impide ver a los demás como Dios los ve? ¿De verte a ti mismo como Dios te ve?

Si vas a desbloquear el poder de tu pensamiento, tienes que examinar despiadadamente tus pensamientos y desechar cualquiera que hayas obtenido de una mala enseñanza o el resultado de la forma errónea en que procesaste una buena enseñanza. Escuchar al Señor no es suficiente, como nos muestran los relatos de Mateo 15. Debemos escuchar y luego examinar todos nuestros pensamientos y caminos a la luz de lo que hemos aprendido para determinar si estamos caminando de una manera que agrada al Señor o en el camino de la tradición.

Bloqueado

Romanos 12:2 dice: "No os conforméis a este siglo, sino transformaos por medio de la renovación de vuestro entendimiento, para que comprobéis cuál sea la buena voluntad de Dios, agradable y perfecta". Dado que el negocio de la mente es pensar, entonces para experimentar la transformación que a menudo buscamos y necesitamos desesperadamente, debemos tener nuevos pensamientos, confrontando los actuales para ver dónde nos impiden o limitan hacer la voluntad de Dios. En este capítulo, veamos algunas ideas de los judíos que les hicieron malinterpretar lo que Jesús hizo en Marcos 3 porque se aferraron al pensamiento de que "Dios nunca haría eso" y, por lo tanto, excluyeron otras posibilidades. Empecemos.

SANANDO EN EL DÍA DE REPOSO

En Marcos 2, Jesús acababa de violar el descanso del sábado (Sabbat), o al menos eso pensaban los fariseos, cuando él y sus discípulos habían recogido y comido algunas espigas de grano. Luego, Marcos relató otro incidente del Sabbat inmediatamente después:

> Otra vez entró Jesús en la sinagoga; y había allí un hombre que tenía seca una mano. Y le acechaban para ver si en el día de reposo le sanaría, a fin de poder acusarle. Entonces dijo al hombre que tenía la mano seca: "Levántate y ponte en medio." Y les dijo: "¿Es lícito en los días de reposo hacer bien, o hacer mal; salvar la vida, o quitarla? Pero ellos callaban." Entonces, mirándolos alrededor con enojo, entristecido por la dureza de sus corazones, dijo al hombre: "Extiende tu mano." Y él la extendió, y la

mano le fue restaurada sana. Y salidos los fariseos, tomaron consejo con los herodianos contra él para destruirle (Marcos 3:1-6).

Jesús no sacó al hombre de la mano arrugada por la puerta trasera de la sinagoga para sanarlo, ni pidió que el hombre regresara el domingo o el lunes. Cuando Jesús hizo una pregunta a los observadores, estos permanecieron en silencio, lo que enfureció a Jesús porque sabía lo que significaba su silencio. Por lo tanto, Él desafió abiertamente la interpretación de los espectadores de las regulaciones del Sabbat al sanar al hombre frente a todos.

Hoy, estamos un poco desconcertados por la respuesta de las personas que estaban en la "iglesia" ese día. No corrieron a casa para llamar a un pariente cercano que tenía una condición similar. No pidieron que Jesús no sanara en sábado, sino que regresara el martes cuando pudieran reunir a otros que necesitaban un contacto físico. No estrecharon la mano restaurada del hombre y se regocijaron en su restauración. En cambio, tuvieron una confabulación rápida para procesar y discutir lo que acababa de suceder y acordaron que "¡Jesús debe morir!" Lo que es más, conspiraron con los herodianos, aquellos que apoyaban la presencia de los odiados romanos a través de su rey títere Herodes y firmaron un contrato sobre la vida de Jesús.

DIOS NUNCA...

Esta historia revela un acercamiento al día de reposo que estipulaba que poco o nada se debía hacer ese día por temor a alienar y ofender a Dios, un pensamiento noble. Sin embargo, una vez que se aferraron a su rígida interpretación, excluyeron cualquier otra posibilidad. Cuando Jesús sanó a un hombre justo delante de sus ojos restaurando un miembro disfuncional, la multitud no vio y no pudo apreciar lo que había ocurrido. Su pensamiento era: "Dios nunca sanaría en sábado", y por lo tanto, concluyeron que Jesús era un violador del sábado que merecía la pena capital.

Sin embargo, las historias de los evangelios no son solo

un relato histórico para nuestro entretenimiento. Son historias con lecciones para nuestras propias vidas, porque somos igualmente susceptibles al pensamiento de los judíos que estaban en la sinagoga. Podemos aferrarnos a nuestros pensamientos y conclusiones y excluir cualquier otra posibilidad, oponiéndonos así en lugar de apreciar lo que Dios nos está enseñando. Por ejemplo, es posible que te aferres a un trabajo que odias o en el que te maltratan porque piensas: "Necesito este trabajo; He tenido este trabajo 20 años y tengo una semana extra de vacaciones el próximo año". Por lo tanto, los intentos de Dios de moverte a algo mejor son en vano. ¿Por qué? Por tu forma de pensar.

Tus pensamientos sobre ti mismo o tus habilidades también pueden frustrar el deseo de Dios de usarte, porque degradas o disminuyes el efecto que podrías tener en los demás debido a tu obstinada resistencia a una perspectiva limitada o sesgada de quién eres en Él. Te han dicho que eres un buen artista, pero te has aferrado al hecho de que no lo eres. Te gustaría viajar y hacer trabajo misionero, pero te has convencido a ti mismo de que no viajas bien o eres demasiado pobre para hacerlo, aferrándote a tu falta en lugar de a tu Fuente. Al igual que los judíos, piensas: "Dios nunca financiaría mi viaje, ni me usaría de esa manera, ni usaría mi creatividad para bendecir y ministrar a otros".

¿Dónde has visto a Dios moverse en tu vida o en la vida de otros, sin embargo, conspiras con otros para quedarte donde estás (escuchando a tus amigos decirte cómo eso 'no puede ser Dios') para que puedas seguir haciendo lo que siempre has hecho? ¿Dónde ha limitado o frustrado tu doctrina, que no es más que lo que piensas acerca de Dios y Su voluntad? ¿De qué manera has tomado lo que escuchas y lo has trabajado en tu mente para concluir: "Dios nunca haría ni querría eso, ni en mi vida ni en la vida de los demás"? Estas son preguntas difíciles de hacer, y las posibles respuestas pueden ser dolorosas de enfrentar, pero debes aprender a confrontar y cambiar tus propios pensamientos y conclusiones si quieres seguir creciendo en la sabiduría y el conocimiento de Dios para tu vida.

La Belleza De La Santidad

En este capítulo, consideremos un versículo del Salmo 96:9a: "Adorad al Señor en vestiduras santas" (LBLA). La versión Reina Valera dice el mismo versículo: "Adorad a Jehová en la hermosura de la santidad". La Reina Valera parece poner la etiqueta de santidad en el Señor (o tal vez así es simplemente como elijo leerlo), pero en cambio, asumamos que el adjetivo de santidad pertenece al adorador, no a Aquel que está siendo adorado. ¿Cuáles son las implicaciones para la perspectiva de que se nos confiere el estatus de santidad cuando adoramos al Señor?

SANTIDAD

Hay un aspecto de la santidad que tiene poco que ver con evitar el pecado. No habla del estado de impecabilidad en el que no ves malas películas o proferir blasfemias. No tiene que ver con orar y leer la Biblia. En cambio, se trata más del hecho de que cuando eres santo, eres apartado para un servicio o expresión especial. Por ejemplo, mi madre tenía platos especiales que solo usaba cuando llegaba la compañía. Esos platos estaban apartados y, por lo tanto, eran sagrados para ella porque tenían un uso especial. Eres santo en el mismo sentido en que Dios te ha apartado para hacer algo que solo tú puedes hacer, para ser algo que solo tú puedes ser.

Lo que es más, estás apartado por el hecho de que hay, y nunca ha habido ni volverá a haber, nadie como tú. Tienes un conjunto de huellas dactilares y un código de ADN que nunca han existido. No son reciclados de alguien que existió hace 100 años. Tu eres santo para el Señor, una creación única con una personalidad distinta, una mezcla de dones y una forma de procesar la información sensorial. Hasta ahora, puedes estar pensando: *"Eso es genial, pero ¿qué tiene que ver esto con desbloquear mi pensamiento?"* El impacto más importante que este hecho puede tener en ti es en cómo te ves y piensas sobre *ti mismo*, lo que a su vez influirá en lo que haces con tu propósito y los dones que Dios te ha otorgado.

INDIVIDUALIDAD

Si tienes prejuicios contra ti mismo, puedes intentar ser como los demás o simplemente intentar distorsionar quién eres. Sin embargo, "quién eres" es una parte importante de tu creatividad y propósito, porque debes inyectar e invertir lo que eres en lo que haces para que sea todo lo que Dios quiere que sea. Por ejemplo, los escritores de los cuatro evangelios inyectaron quiénes eran en sus relatos. Utilizaron su vocabulario, estilo de escritura, experiencia, herencia, percepciones únicas y relaciones (Marcos era el asistente de Pedro) para dar sabor a sus relatos del Evangelio. No todos escribieron de la misma manera, utilizando el mismo formato o enfoque. Eran únicos y, por lo tanto, cada evangelio era único, o debería decir que estaba santo y apartado para un propósito específico.

Los ejemplos también abundarían en todo el mundo de la creatividad. Un maestro pintor tenía un estilo único y las falsificaciones pueden acercarse, pero no pueden replicar exactamente lo que se está copiando porque esas copias no pueden capturar la esencia de quién era el artista. Lo mismo ocurriría con escritores, escultores, predicadores, maestros, atletas, entrenadores y cualquier otra expresión de vida y obra. Has sido apartado para un trabajo que solo tú puedes producir y eso significa que debes ser *tú* para producirlo. Puedes emular a otra persona, pero incluso al hacerlo, involucrarás tu interpretación única de lo que estás emulando. Seguirá siendo tuyo, pero nunca se confundirá con el que estás modelando, aunque esté cerca.

Esto significa que puedes dejar de pensar en ser otra persona, incluso cuando estás tratando de ser como otra persona, porque serás como esa persona como solo *tú* puedes ser y hacer. Por lo tanto, no tienes que temer ser tú mismo mientras expresas tu propósito y creatividad. De hecho, tienes el mandato de hacerlo como solo tú puedes hacerlo. A medida que sirves al Señor en la belleza de tu santidad como una expresión única de la creación de Dios, entonces lo adorarás verdaderamente porque confesarás que, ya que eres lo suficientemente bueno para Dios, también eres lo suficientemente bueno para ti mismo.

"Que No Te Suceda A Ti, Señor"

Muchas de nuestras lecciones hasta ahora provienen de los encuentros de Jesús con sus discípulos cuando confrontó y corrigió sus pensamientos incompletos o erróneos, reemplazándolos con nuevas formas de pensar y actuar. En este capítulo, veamos otro caso de Jesús con sus discípulos, esta vez involucrando a Pedro en su conocida discusión que nos sorprende cada vez que la leemos.

LA RESPUESTA

En Mateo 16, Jesús había llevado a sus discípulos al norte de Galilea, donde podían pasar un tiempo a solas sin las multitudes o los espías enviados desde Jerusalén. Mientras estaba allí, les preguntó quién era a los ojos del público, pero luego les preguntó quién *pensaban que* era. Entonces Pedro dio Su respuesta basada en la revelación del Padre de que Jesús era "el Mesías, el Hijo del Dios viviente" (Mateo 16:16). Jesús ordenó a los hombres que no le dijeran a nadie lo que Pedro acababa de decirles, y pasó al siguiente nivel de su entrenamiento para que Él pudiera prepararlos para lo que estaba por venir:

> "Desde entonces comenzó Jesús a declarar a sus discípulos que le era necesario ir a Jerusalén y padecer mucho de los ancianos, de los principales sacerdotes y de los escribas; y ser muerto, y resucitar al tercer día" (Mateo 16:21).

Entonces Pedro, tomándolo aparte, comenzó a reconvenirle, diciendo: Señor, ten compasión de ti; en ninguna manera esto te acontezca (Mateo 16:22), a lo que Jesús dio su sorprendente respuesta: Pero él, volviéndose, dijo a Pedro: ¡Quítate de delante de mí, Satanás!; me eres tropiezo, porque no pones la mira en las cosas de Dios, sino en las de los hombres (Mateo 16:23).

Pedro pensó que estaba protegiendo a Jesús, en esencia diciendo: "Perdónate a ti mismo, Señor. No tienes que hacer o pasar por esa terrible experiencia. Eres mejor que eso". Sin embargo, en su ignorancia, Pedro se había convertido, sin saberlo, en un portavoz de Satanás, lo cual Jesús reconoció de inmediato. Si la historia hubiera terminado ahí, no tendríamos la imagen completa, una que nos da lecciones para aplicar hoy mientras buscamos desbloquear el poder de nuestro propio pensamiento.

EL RESTO DE LA HISTORIA

Jesús se volvió a todos los discípulos después de reprender a Pedro y continuó:

> "El que quiera ser mi discípulo, niéguese a sí mismo, tome su cruz y sígame. Porque el que quiera salvar su vida, la perderá, pero el que pierda su vida por mí, la encontrará. ¿De qué le servirá a alguien ganar el mundo entero, y sin embargo perder su alma? ¿O qué puede dar alguien a cambio de su alma? Porque el Hijo del Hombre vendrá en la gloria de su Padre con sus ángeles, y entonces recompensará a cada uno según lo que haya hecho" (Mateo 16:24-27).

No puede haber un nuevo pensamiento a menos que el poder y el concepto de la cruz sean parte del fundamento. Pedro se estaba protegiendo a sí mismo y a Jesús cuando dijo lo que hizo, pero Jesús explicó que no puede haber éxito en llevar a cabo la voluntad de Dios sin negarse a sí mismo, tomar una cruz y seguir a Jesús. En mi propia vida, la cruz se ha manifestado de muchas maneras. Nos mudamos 11 veces en 33 años para seguir lo que creíamos que era la voluntad de Dios. Rechacé la admisión a las universidades de Harvard y Carnegie Mellon para dedicarme al ministerio.

He sufrido a manos de la gente de la iglesia durante 47 años (a veces a través de mis propios fracasos, otras veces a manos de personas y líderes mezquinos). He tenido que sentarme en silencio cuando otros enseñaban cosas y tenían poca idea de lo que estaban diciendo. Una vez, cuando era pastor, abrí nuestro refrigerador y todo lo que teníamos en él era una botella de agua y una caja de hojuelas de maíz en el armario.

Hoy en día, fluyo en propósito y creatividad, pero no siempre fue así. Traté de ahorrarme la agonía de algunas de las experiencias de muerte a mí mismo (y hay muchas más que no mencioné), pero fue en vano. Todavía estoy tratando de aprender cómo hacer lo que Pablo escribió en Colosenses 3:2: "Poned la mira en las cosas de arriba, no en las de la tierra". ¿Y tú? ¿Dónde estás evitando la cruz? ¿Dónde está cómo negarse a sí mismo que no prevalece en sus planes?

Recuerde, Pedro pasó de la revelación divina a la consternación divina en cuestión de minutos, por lo que su revelación pasada no es garantía de que su pensamiento actual esté santificado y sea correcto. La única forma en que puedes asegurarte de que se desbloquee es aferrarte a la verdad de que si quieres encontrar tu vida, no podrás librarte de los tiempos difíciles. Vas a tener que perder tu vida en el camino y confiar en que te encontrará de nuevo sin importar dónde estés o lo que estés haciendo.

Como El Hombre Piensa

No he sacado mucho del Antiguo Testamento en esta serie, pero cambiemos eso en este capítulo mirando uno de los versículos más conocidos y frecuentemente citados relacionados con la vida mental de uno. Se encuentra en Proverbios 23:7 y para nuestros propósitos, veámoslo en su contexto:

> No comas pan con el avaro, Ni codicies sus manjares; Porque cual es su pensamiento en su corazón, tal es él. Come y bebe, te dirá; Mas su corazón no está contigo. Vomitarás la parte que comiste, Y perderás tus suaves palabras (Proverbios 23:6-8).

¿Qué podemos aprender acerca de ese versículo y por qué Salomón lo escribió?

CONTEXTO

He usado este versículo para corroborar la verdad de lo que Jesús dijo: "Pero lo que sale de la boca, del corazón sale; y esto contamina al hombre" (Mateo 15:18). Sin embargo, Proverbios 23:7 *no* aborda los problemas de la conexión entre el corazón y la boca. Se dirigía a un hombre que parece ser generoso y acogedor, pero que en realidad no lo es. Es lo que se conoce como un *avaro,* por lo que en realidad está contando el costo de lo que está dando a los demás mientras finge ser generoso. Sabe el valor de lo que está regalando y le preocupa compartir tanto con cualquiera que participe de lo que tiene.

Tenía un amigo que solía decir: "La gente conoce el precio de las cosas, pero rara vez considera su valor". Lo usaba cuando ofrecíamos un seminario que tenía una cuota de inscripción. Había personas que solo miraban el precio, pero no consideraban que podían recibir un gran valor o enseñanza del material del seminario. Era interesante que esas mismas personas a menudo se quejaban porque sus empresas no invertían en ellos, pero se daban la vuelta y hacían exactamente lo que su empresa estaba haciendo: no invertir en sí mismas.

En lugar de hacer que el avaro de Proverbios 23:7 sea otra persona, examinémoslo desde el punto de vista de que nosotros, tú y yo, somos ese avaro. Si eso es cierto, ¿cómo impactaría el ser como él en nuestro pensamiento y cómo podríamos entonces desbloquear esa área para encontrar un nuevo poder en nuestros pensamientos?

ES SU DINERO

Cuando era administrador de la iglesia, me encontré con muchas personas avaras. Pagaríamos lo que la compañía de servicios públicos dijera que pagáramos, pero nos negamos a bendecir a un miembro del personal con un certificado de regalo de $50. Cuando trabajaba con esas personas, a menudo decía: "No es mi dinero, es el del Señor". Cuando la mayoría de las personas escucharon eso, asumieron que me refería a lo que generalmente se pretende: "Somos frugales porque Dios nos ha dado este dinero y vamos a ser cuidadosos, *muy* cuidadosos, cómo lo gastamos". Eso no era lo que quería decir en absoluto.

Mi intención era esta: "Este es el dinero del Señor. ¿Qué me importa si Él quiere que se lo demos a los misioneros, a alguien de nuestro personal, a alguien de la Iglesia que tenga una necesidad, o por algo que le facilite la vida a nuestro personal? Si es Su dinero y si Él tiene mucho más de donde vino, como afirmamos, entonces ¿por qué deberíamos ser tacaños con el?"

Algunos de nosotros fingimos generosidad, pero estamos nerviosos como la persona avara de Proverbios 23. Nos preocupa que los demás estén consumiendo lo que queremos conservar, lo que creemos que es nuestro. Es más, en realidad no se trata de dinero, sino de bloquear o impedir el testimonio o los dones que podríamos producir porque nos va a costar algo, al igual que el avaro. Jesús dijo: "Sanad enfermos, limpiad leprosos, resucitad muertos, echad fuera demonios; de gracia recibisteis, dad de gracia" (Mateo 10:8). ¿Qué pasaría si esa última frase se convirtiera en tu firma o lema para vivir? ¿De qué manera el "de gracia recibisteis, dad de gracia "cambiaría tu forma de pensar desde donde estás ahora? Probablemente darías más de ti mismo y eso puede o no incluir dinero. Así como dije: "Es el dinero del Señor", también es Su testimonio, Su don, Su creatividad y Su vida que posees, no para adueñarse de ella, sino para administrar o ser un buen mayordomo.

El problema con la frase "como el hombre piensa" es que es potencialmente cierta para *todos* nosotros, no solo para aquellos que no nos gustan o que no hacen como nosotros queremos que lo hagan. Es necesario que busque al Señor y pregunte: "¿Dónde estoy actuando de una manera que hace que las personas piensen que estoy en línea con Tu voluntad, pero en realidad, estoy contando el costo y no me gusta que me esté costando tanto? ¿Dónde estoy siendo un avaro con los que me rodean que no les beneficia ni a ellos ni a mí?"

Muévete a través de la mesa esta semana desde el asiento del que come con el avaro y mírate a ti mismo como el avaro. ¿Estás sirviendo a los demás un banquete de quién eres y lo que tienes, o estás fingiendo hacer eso unas pocas horas a la semana, mientras guardas en secreto lo mejor de lo que eres para tu propio consumo? Si ese es el caso, entonces es hora de recordarte a ti mismo que "no es tu dinero ni tu vida" y comenzar a pensar en cómo puedes gastarlo y distribuirlo.

Una Mente Del Reino

Volvamos al Nuevo Testamento, donde una vez más encontramos a Jesús dirigiéndose al pensamiento de sus discípulos. Leemos en Hechos 1:3-6:

> Durante los cuarenta días después de que sufrió y murió, Cristo se apareció varias veces a los apóstoles y les demostró con muchas pruebas convincentes que él realmente estaba vivo. Y les habló del reino de Dios. Una vez, mientras comía con ellos, les ordenó: "No se vayan de Jerusalén hasta que el Padre les envíe el regalo que les prometió, tal como les dije antes. Juan bautizaba con agua, pero en unos cuantos días ustedes serán bautizados con el Espíritu Santo" (NTV).

Primero vemos a Jesús proclamando el Reino en Mateo 4:17: "A partir de entonces, Jesús comenzó a predicar: "Arrepiéntanse de sus pecados y vuelvan a Dios, porque el reino del cielo está cerca." Mientras se preparaba para partir en Hechos, todavía estaba enseñando y hablando acerca del Reino. Sin embargo, parece que los discípulos no lo "entendieron" del todo, porque los vemos preguntar: "¿Ha llegado el momento de que liberes a Israel y restaures el reino?" Jesús les respondió dirigiéndoles de nuevo a su promesa: "Pero recibirán poder cuando el Espíritu Santo descienda sobre ustedes; y serán mis testigos, y le hablarán a la gente acerca de mí en todas partes: en Jerusalén, por toda Judea, en Samaria y hasta los lugares más lejanos de la tierra" (Hechos 1:8). El Espíritu fue la llave para abrir su pensamiento y Él es la llave para nosotros también. Examinemos lo que eso significa para ver qué lecciones podemos aprender.

LA MENTE PUESTA EN EL ESPÍRITU

Pablo escribió estas palabras a los romanos:

Los que están dominados por la naturaleza pecaminosa piensan en cosas pecaminosas, pero los que
son controlados por el Espíritu Santo piensan en las
cosas que agradan al Espíritu. Por lo tanto, permitir
que la naturaleza pecaminosa les controle la mente
lleva a la muerte. Pero permitir que el Espíritu les
controle la mente lleva a la vida y a la paz. Pues la
naturaleza pecaminosa es enemiga de Dios siempre.
Nunca obedeció las leyes de Dios y jamás lo hará.
Por eso, los que todavía viven bajo el dominio de
la naturaleza pecaminosa nunca pueden agradar a
Dios (Romanos 8:5-8, NTV).

Pablo indicó que "dejar que el Espíritu controle tu
mente" produce vida y paz. ¿Qué significa que el Espíritu controle tu mente? ¿Somos simplemente torres de radio que reciben y luego archivan o transmiten pensamientos espirituales
celestiales? ¿Es una descripción de la escena familiar en las películas donde el diablo está encaramado en un hombro susurrán-
donos al oído mientras Dios está en el otro hombro haciendo
lo mismo? ¿Todos nuestros pensamientos tienen su origen en
una u otra fuente espiritual?

Volvamos a Hechos 1. Esos hombres habían estado
con Jesús por más de tres años y acababan de experimentar
un curso intensivo de 40 días después de la resurrección y una
visión general de las enseñanzas del Reino de Jesús. Sin embargo, seguían sin entender, porque le hicieron una pregunta
política sobre cuándo Israel sería liberado del control de Roma.
Cuando el Espíritu fue derramado en Hechos 2, *entonces* lo entendieron todo y pudieron compartirlo con poder a los oyentes
interesados.

CON MENTALIDAD DE REINO

Cuando vino el Espíritu, los discípulos tenían el poder
y una nueva capacidad intelectual para comprender lo que Jesús

les había enseñado y mostrado. El sermón de Pedro en Hechos 2 explicó a Jesús, exaltó a Jesús, enseñó a Jesús, demostró a Jesús. El sermón delineó claramente que Jesús era el Rey del Reino: "Por lo tanto, que todos en Israel sepan sin lugar a dudas, que a este Jesús, a quien ustedes crucificaron, ¡Dios lo ha hecho tanto Señor como Mesías!" (Hechos 2:36). No predicaron en contra de Roma, ni establecieron una nueva Ley, ni predicaron la santidad. El Espíritu enfocó sus pensamientos y mentes en Jesús.

¿Qué nos enseña esto? Enseña que el Espíritu no desea controlar cada pensamiento, sino impartir un nuevo sistema operativo que tenga una mentalidad del Reino y que tenga que ver con Jesús, no con Jesús y la política, ni con Jesús y mi carrera, ni con Jesús con mis inversiones. No puede estar Jesús y *nada* más. Solo se trata de Jesús. Por eso los discípulos tuvieron que esperar al Espíritu. De lo contrario, su presentación habría carecido del enfoque adecuado. Es fácil decir que todo se trata de Jesús, pero Jesús sabía que no era así. Es por eso que les dijo a sus discípulos que tendrían que negarse a sí mismos, tomar su cruz y seguirlo. De eso se trataba el Reino.

¿Qué tienes en mente? ¿Es lo solo que estás? ¿Te estás preguntando por qué no estás casado o por qué no tienes un trabajo mejor? No estoy menospreciando tu soledad o tu pobreza, pero el Espíritu viene a darte la mente de Cristo acerca de Cristo y lo que eso significa para tu vida diaria. Los pensamientos controlados por la naturaleza pecaminosa son pensamientos del "yo", mientras que los pensamientos del Espíritu son acerca de Jesús y Su propósito y plan para tu vida que puede o no incluir cónyuge, hijos, riquezas de Wall Street o vivir donde quieres vivir.

El Reino tiene un Rey y Él es supremo, o "Señor de todo", para decirlo en términos bíblicos. Te insto a que invites al Espíritu a entrar en tu mente, no para controlar cada uno de tus pensamientos, sino para impartir el fundamento adecuado para el Reino, permitiéndote evaluar tus pensamientos de manera más efectiva. Cuando lo hagas, tu vieja naturaleza ya no controlará tu mente y serás libre de pensar en los pensamientos de Dios que te dirigirán hacia dónde trabajar, qué hacer y cómo ser una persona con propósito.

Giro-En-Ti

Permanezcamos en el Nuevo Testamento, pero pasemos a Apocalipsis. Puede que pienses que es un lugar inusual para ir a hablar de pensamiento, y yo pensé lo mismo cuando tuve la idea. Sin embargo, creo que es la guía de Dios, pero se tú el juez a medida que avanzamos hacia el capítulo dos de Apocalipsis.

ARREPENTIRSE

Después de una breve introducción en Apocalipsis, Jesús evaluó a siete iglesias dándoles retroalimentación específica sobre la realidad de su condición espiritual. Elogió a algunos, pero reprendió a otros, terminando los siete mensajes con la misma frase: "El que tenga oídos, oiga lo que el Espíritu dice a las iglesias. Al que sale victorioso...". Luego dio una promesa específica para aquellos que escucharon y salieron victoriosos. Examinaremos esas promesas en los próximos capítulos, pero por ahora, veamos Sus comentarios a la iglesia de Éfeso: "¡Considerad cuán lejos habéis caído! Arrepiéntete y haz las cosas que hiciste al principio. Si no te arrepientes, vendré a ti y quitaré tu candelabro de su lugar" (Apocalipsis 2:5). Veamos la palabra o mandamiento que se usa dos veces en ese versículo y esa palabra es *arrepentirse*.

Cuando escuchas la palabra *arrepentirse*, ¿qué piensas? Para algunos, representa contrición o tristeza por el pecado y si eso es lo que piensas, no te equivocas. Sin embargo, el significado literal de la palabra griega para arrepentirse *metanoia* es "cambiar de opinión o de actitud al respecto". ¿Qué pasa cuando cambias de opinión? Significa que piensas de manera diferente sobre algo. Otra definición de arrepentimiento es "dar la vuelta e ir en otra dirección". Entonces, cuando cambias de opinión sobre algo, debería afectar tu comportamiento y llevarte en una nueva dirección. Dios les dijo a los efesios que se arrepintieran y hicieran las cosas que hicieron al principio. Su cambio de opinión iba a afectar su comportamiento y sus actos. En esencia, Jesús les aconsejó que dieran una vuelta en U y caminaran por un camino diferente.

OÍDOS PARA OÍR

Para la iglesia de Éfeso, tener "oídos que oyen" parece haber estado conectado con su disposición a arrepentirse. Si no estaban dispuestos a dirigir sus pensamientos, sus oídos estarían cerrados y no heredarían la promesa, que para ellos era: "El que tiene oído, oiga lo que el Espíritu dice a las iglesias. Al que venciere, le daré a comer del árbol de la vida, el cual está en medio del paraíso de Dios" (Apocalipsis 2:7). Cuando no nos arrepentimos, nosotros también nos volvemos duros de audición y perdemos los beneficios del árbol de la vida tal como fue descrito en Génesis. Cuando eso sucede, Dios no dirige nuestro trabajo como lo hizo en el Jardín. En cambio, elegimos lo que haremos y cómo lo haremos. Podemos ser fieles, pero no somos flexibles y, por lo tanto, solo nos movemos en una dirección. Podría decirse que es nuestra rutina, que puede convertirse en una rutina, y alguien dijo que una rutina es una tumba con los extremos extendidos.

Jesús había advertido a sus discípulos mucho antes de que se escribiera Apocalipsis que debían tener cuidado con la forma en que escuchaban y oían. Leemos en Lucas 8:8b: "El que tiene oídos para oír, oiga." Esa advertencia llegó al final de la parábola del sembrador, que enseñó que a menos que ajustemos la condición de nuestro corazón, no podremos recibir la palabra ni dar fruto de las palabras que recibamos. Al igual que la iglesia de Éfeso, necesitamos arrepentirnos regularmente de las cosas que se mencionan en Lucas 8:

"Esta es, pues, la parábola: La semilla es la palabra de Dios. Y los de junto al camino son los que oyen, y luego viene el diablo y quita de su corazón la palabra, para que no crean y se salven. Los de sobre la piedra son los que habiendo oído, reciben la palabra con gozo; pero estos no tienen raíces; creen por algún tiempo, y *en el tiempo de la prueba se apartan.* La que cayó entre espinos, estos son los que oyen, *pero yéndose, son ahogados por los afanes y las riquezas y los placeres de la vida,* y no llevan fruto" (Lucas 8:11-14, énfasis añadido).

¿Necesitas un "giro-en-ti"? ¿Necesitas un cambio de pensamiento o actitud? ¿Los afanes y preocupaciones de esta vida han ahogado tus pensamientos acerca de Dios? ¿Una prueba reciente de tu fe ha llevado a un "apartamiento" de su celo y entusiasmo, similar a las condiciones en Éfeso? ¿Estás haciendo las obras que siempre has hecho, pero necesitas volver a "las obras que hiciste al principio"? Si tu respuesta es sí a cualquiera de esas preguntas, entonces la palabra para ti es *arrepentirte.* Necesitas girar e ir en una dirección diferente, pero no podrás hacerlo hasta que abordes tus pensamientos y actitudes.

Esta semana, piensa en lo que se necesita para que hagas un "giro en ti". Cueste lo que cueste, te prometo que no cambiarás de dirección hasta que cambies tu forma de pensar. Si lo haces, y cuando lo hagas, desbloquearás el poder del arrepentimiento, y eso te hará ganar todas las promesas de Dios en Apocalipsis para aquellos que venzan.

Tu Mundo De La Palabra

En este capítulo, quedémonos en el libro de Apocalipsis, que tiene mucho que decir sobre nuestro tema de desbloquear el poder de nuestro pensamiento. En el último capítulo, vimos la promesa de Jesús a la iglesia de Éfeso si solo tuvieran oídos para oír. En este capítulo, examinemos Su promesa a la iglesia en Pérgamo:

"El que tiene oído, oiga lo que el Espíritu dice a las iglesias. Al que venciere, daré a comer del maná escondido, y le daré una piedrecita blanca, y en la piedrecita escrito un nombre nuevo, el cual ninguno conoce sino aquel que lo recibe" (Apocalipsis 2:17).

Esta promesa siempre me hace pensar en lo que Jesús dijo a los discípulos en Juan 4:32: "Él les dijo: Yo tengo una comida que comer, que vosotros no sabéis.". Para Jesús, buscar y salvar a los perdidos era Su "maná escondido", el propósito por el cual había venido. Cuando lo cumplía, era más agradable y abundante que la comida real. Lo mismo es cierto para tu propósito, pero ¡ay!, estoy divagando, porque en este momento queremos ver lo que significa tener oídos para oír.

LA PALABRA *MUNDO*

Estoy enseñando una clase en línea sobre los cuatro evangelios para la cual los estudiantes tienen que responder muchas preguntas de ensayo. Una de las preguntas es más o menos así: "¿Cuáles son algunos ejemplos de racismo en el mundo?" He tenido alrededor de 300 estudiantes que han pasado por la clase y 295 de ellos han respondido a la pregunta contándome sobre la situación en los Estados Unidos. Solo *cinco* me han dado ejemplos *internacionales* de racismo. No me estoy burlando ni criticando a los estudiantes. Lo que quiero decir es que cuando ven la palabra *mundo* piensan en el *mundo* que está a su alcance, formado por su cultura y sus amigos. Debido a que han condicionado su mente a pensar así, cuando escribo *sobre el mundo*, ellos piensan en Estados Unido. No seas demasiado duro con los estudiantes, porque tú tienes la misma tendencia.

Tomemos la palabra *generoso*. La Biblia nos instruye claramente a ser generosos. Pero, ¿qué significa generoso para ti? Si tuvieras dos trajes, ¿sería generoso regalar uno? ¿Sería realmente generoso regalar ambos y prescindir de ellos? Si piensas que es lo primero, entonces dar lo segundo ni siquiera se te pasaría por la cabeza, ni siquiera si el Señor te impulsara a hacerlo. Lo mismo puede ser cierto para palabras como *ir, misiones, perdonar, orar* y *dar*. Nos acercamos a esas palabras de acción con pensamientos preconcebidos de lo que significan y cómo debemos expresarlas en nuestros mundos individuales.

TEN CUIDADO

Jesús les dio a los discípulos estas instrucciones justo después de explicar la parábola del sembrador:

"Nadie enciende una lámpara y luego la cubre con un tazón o la esconde debajo de la cama. Una lámpara se coloca en un lugar alto, donde todos los que entran a la casa puedan ver su luz. Pues todo lo secreto tarde o temprano se descubrirá, y todo lo oculto saldrá a la luz y se dará a conocer a todos. *'Así que presten atención a cómo oyen.* A los que escuchan mis enseñanzas se les dará más entendimiento; pero a los que no escuchan, se les quitará aun lo que piensan que entienden'" (Lucas 8:16–18, énfasis añadido).

Jesús estaba indicando que Sus parábolas no tenían la intención de esconder o ocultar, sino que estaban enseñando herramientas para revelar la verdad de Dios. Una vez que los oyentes comprendían esos principios, era su responsabilidad revelarlos también a los demás y no ocultarlos ni enterrarlos.

Si los discípulos y la gente de la multitud no tenían cuidado, escucharían, celebrarían y se irían a casa en las mismas o peores condiciones que cuando llegaron. Lo mismo es cierto para nosotros hoy. Podemos escuchar un "buen mensaje o palabra" y aplaudir, llorar, cantar y gritar en respuesta, pero nos vamos a casa de manera diferente. ¿Por qué? Porque no teníamos cuidado con la forma en que escuchábamos. Después de que Jesús dijo esas palabras, su familia de repente vino a visitarlo. Jesús continuó su lección:

> Entonces su madre y sus hermanos vinieron a él; pero no podían llegar hasta él por causa de la multitud. Y se le avisó, diciendo: "Tu madre y tus hermanos" están fuera y quieren verte. Él entonces respondiendo, les dijo: *Mi madre y mis hermanos son los que oyen la palabra de Dios, y la hacen* (Lucas 8:19-21, énfasis añadido).

Si realmente quieres desbloquear el poder de tu pensamiento, debes aprender a desafiar todo lo que sabes y escuchas. Esto no es para que puedas hacer agujeros en conceptos superficiales, sino para determinar si hay algo *que te* impida comprender y luego *hacer* algo con lo que escuchaste. Eso es lo que significa tener "oídos que oyen". Si volvemos a la iglesia de Pérgamo, vemos que Jesús prometió una cosa más para aquellos que oyeron y actuaron de acuerdo con lo que oyeron: "Y le daré a esa persona una piedrecita blanca con un nombre nuevo escrito en ella, conocida solo por el que la recibe".

Si aprendes a oír *y* hacer, Dios te dará un propósito que nadie más puede ver (esa es la piedra blanca mencionada en Apocalipsis). Será una frase que los demás no comprenden ni ven, pero que te conmueve hasta las lágrimas. Sin embargo, para conseguir ese propósito, tienes que aprender a prestar atención para asegurarte de que no lo estás privando o desvirtuando de su significado completo como lo hicieron mis estudiantes con palabras como *mundo*. Si aprendes a hacer eso, realmente habrás desbloqueado el poder de tu pensamiento.

La Marca

A medida que continuamos nuestro viaje en Apocalipsis, veamos una promesa que Jesús le hizo a la iglesia en Filadelfia:

"He aquí, yo vengo pronto; retén lo que tienes, para que ninguno tome tu corona. Al que venciere, yo lo haré columna en el templo de mi Dios, y nunca más saldrá de allí; y escribiré sobre él el nombre de mi Dios, y el nombre de la ciudad de mi Dios, la nueva Jerusalén, la cual desciende del cielo, de mi Dios, y mi nombre nuevo. El que tiene oído, oiga lo que el Espíritu dice a las iglesias" (Apocalipsis 3:11-13).

A través de los siglos, las personas han estado fascinadas e incluso encaprichadas con el concepto de que algo va a estar escrito en sus cabezas, y por supuesto, el 666 de Apocalipsis 13:18 recibe la mayor parte de la atención. Examinemos este concepto para ver qué podemos aprender en lo que respecta a nuestra vida mental.

LA MARCA

No es ningún secreto que hemos hecho mucha referencia a 666, pero cuando leemos el siguiente versículo, dice: "Después miré, y he aquí el Cordero estaba en pie sobre el monte de Sion, y con él ciento cuarenta y cuatro mil, que tenían el nombre de él y el de su Padre escrito en la frente" (Apocalipsis 14:1). Nunca he escuchado un sermón o visto un libro sobre el nombre del Padre en nuestra frente, pero, por supuesto, hay mucho material sobre el 666. Sin embargo, lo que Juan vio en Apocalipsis 14:1 coincide con la promesa hecha a la iglesia de Filadelfia: Dios escribirá un nuevo nombre sobre aquellos que resistan, sean victoriosos y tengan oídos para oír. Serán hechos columnas en el templo de su Dios.

¿Cuál es el significado de la marca en la frente? Los hombres judíos a menudo usan una pequeña caja de cuero atada a la frente (o a los brazos) que contiene un texto hebreo. Lo hacen para recordarles que deben obedecer la Ley de Dios y tenerla siempre en su mente. En el Nuevo Testamento, el Espíritu Santo reemplaza a la filacteria. ¿Por qué los que no conocen al Señor tienen el número 666 en lugar de una filacteria? Es porque las cosas del mundo gobernado por el maligno siempre están en sus mentes.

Dios nos da poder a través del Espíritu para mantener las cosas de Dios en nuestra mente en todo momento. Él nos ha marcado como Suyos. Nunca tuvo la intención de significar que habría una marca literal, sino que habría algo que separa al pueblo de Dios de los demás. ¿Cuál es esa marca? ¿Qué nos distingue de todos los demás? Es fe, pura y simple. Aquellos que tienen 666 buscarán todo tipo de medios y fórmulas para satisfacer sus necesidades. Aquellos que tienen el nombre de Dios "grabado" en sus corazones y mentes mirarán a Él. Si "olvidan", el Espíritu se lo recordará.

LA FE ES LA CLAVE

¿Crees que Dios necesita una marca física para distinguir entre los que son suyos y los que no lo son? ¡Claro que no! Los reconoce por su fe, a la que Dios siempre responde: "Pero sin fe es imposible agradar a Dios; porque es necesario que el que se acerca a Dios crea que le hay, y que es galardonador de los que le buscan" (Hebreos 11:6). Si sin fe es imposible agradar a Dios, entonces con fe es posible. Sin fe, la gente estará luchando por las migajas que caigan de la mesa del mundo. Para los que tienen fe, su Dios pondrá delante de ellos una suntuosa mesa de banquete. Por lo tanto, podríamos decir que el 666 es simplemente el símbolo de la incredulidad, mientras que el nombre de Dios y su ciudad dado a los que escuchan y vencen son las marcas de los que lo conocen a través de la fe.

Si realmente quieres desbloquear el poder de tu

pensamiento, no busques un sistema o una fórmula. No debes seguir modas pasajeras o técnicas de imitación (o falsas fantasías del fin de los tiempos) que te darán lo que quieres o necesitas, o que alimentarán tu necesidad de aventuras de ciencia ficción. Simplemente debes atarte una filacteria invisible de fe y mantenerla delante de ti en todo momento. La fe es lo que desbloqueará el poder de tu pensamiento porque la fe invita a Dios a entrar en el proceso. Tu fe confía en el Espíritu para empoderar tus pensamientos, pero hay una advertencia: este no es un proceso pasivo. Debes esforzarte por "llevar todo pensamiento cautivo a la obediencia a Cristo" (2 Corintios 10:5).

Desbloquear tu pensamiento no es simplemente "Se lo he dado todo al Señor", así que luego esperas a que Él llene tu cabeza. Implica trabajo mientras luchas con algunos de tus pensamientos hasta el suelo, los fijas y luego los reemplazas con nuevos campeones de pensamiento. A medida que aprendas y crezcas, vivirás en el principio que analizamos hace muchos capítulos: "transfórmate por medio de la renovación de tu entendimiento" (Romanos 12:2). A medida que cambies tus pensamientos, transformarás tu vida y no tendrás que preocuparte por ninguna marca, excepto la marca de la fe.

Caminando Por
Una Fila Diferente

Cuando visito a mis nietos, hay una granja cercana donde el público puede ir a recoger frutas y verduras. No hace mucho tiempo, fui allí a recoger algunas bayas. Es un trabajo duro porque esta granja está en una colina. Era un caluroso día de verano, y aunque los arbustos de bayas tenían mucha fruta, los muchos arbustos se extendían por una gran parte de la ladera. Me pareció fascinante poder caminar por una fila con arbustos a ambos lados y ver mucha fruta, pero luego, cuando fui a la siguiente fila y miré hacia atrás en la fila de la que venía, vi fruta que me perdí. Traté de ver todo lo que había que ver cuando bajé por la primera fila, pero por más que lo intenté, no pude verlo todo. Lo que necesitaba era un cambio de perspectiva para ver todo lo que había que ver y elegir.

Cuando he dirigido seminarios de aprendizaje cognitivo y social, incluyo una frase: "Cuando cambio la forma en que veo las cosas, las cosas que miro cambian". Por supuesto, las cosas que estoy mirando no cambian, pero mi perspectiva cambia de acuerdo con mi enfoque y ángulo de visión. He usado el mismo concepto cuando he enseñado clases de predicación, porque les digo a los estudiantes que deben suspender lo que *creen* que saben acerca de un versículo o pasaje por un momento mientras se preparan para hablar, porque tan pronto como estén convencidos de que saben todo lo que un pasaje tiene que decir, Pueden pasar por alto lo que puede estar diciendo. A esto se le llama el fenómeno de bloqueado por dentro y fuera. Tan pronto como nos aferramos a lo que creemos saber o ver, seguros de que hemos visto todas las bayas o los significados que hay, bloqueamos la posibilidad de ver más.

Cuando era pastor y ofrecía consejería matrimonial, sorprendía a las parejas cuando comenzamos pidiéndoles a ambas partes que me dijeran lo que su pareja estaba a punto de decirme sobre ellos. "¿Qué me va a decir tu esposa/esposo sobre ti?" Muchos se esforzaban por responder a mi pregunta, pero rápidamente cambiaban de marcha para informar lo que le pasaba a su cónyuge. Se habían aferrado al problema con la otra persona y, a menudo, habían bloqueado su contribución a la relación defectuosa y a la necesidad de asesoramiento.

¿Cuál es mi punto en todo esto? Es un ejercicio valioso ponerse en el lugar de otra persona o cambiar su perspectiva de vez en cuando para ver lo que no puede ver desde donde ha estado. Por ejemplo, hace poco leí un libro titulado (Best Short Stories by Black Writers, *Los mejores cuentos de escritores negros, 1899-1967).* ¿Por qué iba a pedir y leer esto? Lo hice porque no soy negro y quiero leer algo escrito por personas que no se parecen a mí y probablemente no piensan como yo. Dado que trabajo con muchos afroamericanos, puede que me ayude a caminar por una fila diferente para ver lo que antes no podía ver.

Cuando no caminamos por una fila diferente, puede ser porque no estamos tan seguros de quiénes somos o en lo que creemos como nos gustaría que creyeran los demás y, por lo tanto, necesitamos leer o estar expuestos solo a cosas que refuercen nuestra posición actual. Eso no está mal a menos que sea lo que siempre hacemos y, por lo tanto, nos separemos del "fruto" que está justo frente a nosotros, pero que no podemos ver. Esta ceguera no se debe a que no seamos físicamente capaces o no queramos ver, sino simplemente a que no podemos verlo desde donde estamos parados, mental o físicamente.

¿Tienes el coraje de caminar por una fila diferente y ver algo nuevo? ¿O seguirás caminando arriba y abajo por la misma fila de siempre y te limitarás a lo que estás convencido de que es todo lo que hay que ver? Mientras respondes a esas preguntas, leeré un libro como el que describí anteriormente para tener una perspectiva diferente de lo que creía que ya sabía.

Lecciones De Leprosos

Una de mis historias bíblicas favoritas se encuentra en 2 Reyes 7. Los arameos, los enemigos de Israel, habían puesto sitio a la ciudad y la gente que estaba dentro se moría de hambre. Fue entonces cuando cuatro leprosos, que sabían que iban a morir si se quedaban donde estaban, decidieron salir al encuentro del enemigo para ver si podían obtener misericordia y algo de comida. Leemos,

> Había a la entrada de la puerta cuatro hombres leprosos, los cuales dijeron el uno al otro: ¿Para qué nos estamos aquí hasta que muramos? Si tratáremos de entrar en la ciudad, por el hambre que hay en la ciudad moriremos en ella; y si nos quedamos aquí, también moriremos. Vamos, pues, ahora, y pasemos al campamento de los sirios; si ellos nos dieren la vida, viviremos; y si nos dieren la muerte, moriremos. Se levantaron, pues, al anochecer, para ir al campamento de los sirios; y llegando a la entrada del campamento de los sirios, no había allí nadie. Porque Jehová había hecho que en el campamento de los sirios se oyese estruendo de carros, ruido de caballos, y estrépito de gran ejército; y se dijeron unos a otros: He aquí, el rey de Israel ha tomado a sueldo contra nosotros a los reyes de los heteos y a los reyes de los egipcios, para que vengan contra nosotros (2 Reyes 7:3-6).

Los leprosos regresaron a la ciudad para contarle a la gente las buenas nuevas, pero los habitantes de la ciudad pensaron que su historia era una trampa para atraerlos desde detrás de las murallas, por lo que no respondieron de inmediato, a pesar de que estaban muriendo.

¿QUÉ ES EL TIEMPO PARA UN LEPROSO?

Los cuatro leprosos consideraban que su estado era crítico. Estaban menos preocupados por verse mal o "no entender a Dios" que por sobrevivir. No es fe querer saber el tiempo y los pasos que tendrás que dar para tener éxito. De hecho, es presuntuoso. Dios *no* te debe una explicación completa antes de que des los primeros pasos en obediencia. Pensar que lo debe hacer es esperar más de lo que le dio a Abraham cuando Dios le dijo a Abraham que dejara su tierra natal. Cuando Abraham quiso saber a dónde iba, el Señor básicamente respondió: "Te lo diré cuando llegues allí".

Si no te identificas con los leprosos, dirás que puedes "esperar en el Señor". Sin embargo, si te identificas con su situación y te ves a ti mismo como ellos en una necesidad desesperada de tener fe y actuar, entonces darás un paso adelante hoy y actuarás según tu creatividad, ideas, metas y sueños. ¿Te has cansado de estar dónde estás? Luego, haz algo y preocúpate menos por el tiempo y más por encontrar satisfacción y expresión creativa, y por ser productivo para el Señor.

Permítanme terminar con una reflexión más. Escucho a la gente decir regularmente: "No quiero adelantarme al Señor". Mi respuesta es siempre la misma: Adelante, inténtalo. Si Efesios 3:20-21 es cierto (y lo es), no hay *manera* de que puedas adelantarte a Él:

> Y a Aquel que es poderoso para hacer todas las cosas
> mucho más abundantemente de lo que pedimos o
> entendemos, según el poder que actúa en nosotros,
> a él sea gloria en la iglesia en Cristo Jesús por todas
> las edades, por los siglos de los siglos. Amén.

Si puedes pensarlo, entonces Dios ya está pensando en grande. Sueña en grande y luego sal a ver qué pasa. Date permiso para mudarte, sabiendo que no puedes adelantarte a Dios y que no le agradarás completamente *hasta* que actúes con fe, fe en que tu tiempo es *ahora* para hacer la voluntad de Dios. En tu nueva libertad, confío en que encontrarás la libertad de desbloquear el poder de tu pensamiento que solo la perspectiva de un leproso puede aportar.

Dejar de Haces Algunas Cosas

Tuve un programa de radio semanal de una hora en una estación cristiana AM local llamado *Wake Up to Purpose* (Levántate al propósito) durante cuatro años. Fue un placer producirlo y hacerlo, a pesar de que tenía que levantarme a las 5:30 a.m., llegar a la estación y luego, después del programa, conducir por la ciudad para dar una clase. Además, pagué por el privilegio de tener muchos invitados maravillosos en el programa que contaron sus historias de propósito, y siempre recibí excelentes comentarios de los oyentes. Sin embargo, después de cuatro años de éxito en el aire, decidí terminar el programa. Al mismo tiempo, también decidí *dejar de* escribir un devocional diario que había producido durante seis años.

¿Por qué iba a dejar de hacer cosas que me gustaban y que parecían ayudar a los demás, a pesar de que todos los comentarios eran positivos y los demás querían que continuara? Lo hice porque he aprendido que es importante no solo tener una *lista de tareas pendientes*, sino también una lista *de tareas pendientes por no seguir haciendo*. Si realmente quieres desbloquear el poder de tu pensamiento, entonces debes prestar más atención a las cosas que debes *dejar* de hacer, así como a lo que *debes* hacer.

EL STATU QUO

Como se mencionó anteriormente, tú y yo tenemos todo el tiempo del mundo, las 24 horas del día que estamos vivos. No podemos tener más tiempo, así que tenemos que tomar decisiones, a veces decisiones difíciles, para dejar de hacer algo y crear espacio para algo nuevo. El desafío es que a menudo no sabemos cuáles serán las cosas nuevas, por lo que nos aferramos a lo viejo por miedo, miedo a no encontrar lo nuevo, a que lo nuevo no sea tan bueno como lo viejo o a que lo nuevo no funcione. Por lo tanto, nos aferramos y arañamos para aferrarnos al statu quo, cuando la verdad sea dicha, el statu quo a menudo se ha vuelto obsoleto y anticuado. He aquí algunas otras ideas sobre el statu quo:

1. *Puede que pienses que mantener tu statu quo no es una decisión, pero lo es.* Cuando estás considerando varias opciones de cambio y no eliges ninguna de ellas, parece que no has tomado una decisión. Sin embargo, has decidido no cambiar.

2. *Elegir el statu quo te cuesta algo.* Es posible que hayas elegido la seguridad de lo que conoces, pero perdiste todas las posibilidades de lo que lo nuevo puede traer.

3. *Puede que el statu quo no sea tan bueno, simplemente es seguro.* Hazte esta pregunta sobre el statu quo: si no tuvieras este statu quo, ¿volverías a hacer todo lo posible para crearlo? ¿Volverías a postular para tu trabajo actual? ¿Volverías a comprar tu vivienda actual? ¿Habrías seguido esta carrera si hubieras sabido entonces lo que sabes hoy? Si las respuestas son no, entonces tal vez sea hora de empezar a pensar no en cómo preservar el presente, sino en crear un futuro más deseable.

CREAR ESPACIO

Es hora de que crees un espacio para lo nuevo, incluso si no estás seguro de qué es todo lo nuevo, como lo hice con la radio y el devocional. Es hora de hacer tiempo para escribir porque quieres escribir, pero actualmente no tienes tiempo, o no te permites encontrar el tiempo (porque tienes miedo). Es hora de darte tiempo para respirar y pensar, y eso significa detener lo viejo para que puedas descubrir lo nuevo, o para que lo nuevo pueda descubrirte a ti.

Siempre que estés leyendo esto, trata el día como si fuera el 31 de diciembre y estuvieras al borde de un nuevo año.

¿Hiciste lo que dijiste que ibas a hacer hace un año? ¿Ha sido este un año estimulante de nuevos sabores y olores, o te ha parecido que estás comiendo pan duro? Los invito a unirse a mí en la creación de un espacio para lo nuevo deshaciéndote de parte de la vieja carga a la que se están aferrando en su querida vida. No sé lo que traerá el año que viene, pero espero que no sea lo que trajeron los últimos años, si fue más de lo mismo lo que te hizo infeliz o insatisfecho.

Si piensas en detener lo viejo para dejar espacio a lo nuevo, no significa que tengas que detenerte o comenzar nada. Simplemente significa que estás dispuesto a hacerlo y entonces Dios es capaz de dirigirte a nuevos pensamientos que podrían llevarte a nuevos comportamientos. Si tu statu quo está encadenado, entonces tal vez sea hora de desbloquearlo liberando el poder de los nuevos pensamientos que hemos discutido a lo largo de este libro.

¿Qué Llevas Puesto Ahora Mismo?

En una versión anterior de mi sitio web, tenía un cuestionario de evaluación de propósito que preguntaba a las personas con qué frecuencia buscaban pistas para ayudarlos a saber cuál es o no es su propósito. Mi objetivo era que prestaran atención a su corazón y no a sus pensamientos sobre lo que los demás esperaban o querían que hicieran o fueran.

Es difícil caminar en las expectativas de otra persona, especialmente cuando esas expectativas no se relacionan con tu propósito o los dones y talentos que tienes. Puedes tratar de complacer a la sociedad, a tu familia e incluso a tus propias expectativas de lo que crees *que* deberías ser o hacer, pero eventualmente fracasarás. Agotará tu energía y creatividad y te sentirás miserable, y solo tú lo sabrás. Entonces, ¿cuál es la respuesta? ¿Cómo puedes desbloquear el poder de tu pensamiento en lo que concierne a ti y a tu propósito?

Es simple, simplemente no lo hagas.

Debes resistirte cuando alguien, bien intencionado o no, intenta que cumplas su visión para tu vida. Debes aprender a tener y perseguir tu propia visión, porque es el único camino hacia la felicidad y el éxito, y una de las señales de camino para esa visión o propósito es el gozo o la falta de él en tu propio corazón. Eso es lo que David tuvo que hacer antes de ser rey y le sirvió bien. Si lo deseas, lee la historia a la que me estoy refiriendo en 1 Samuel 17 antes de continuar.

PRUÉBATE ESTO

La historia de David y Goliat es conocida en muchas

culturas y países. Todos los días, Goliat y los ejércitos de Israel se alineaban uno frente al otro y no pasaba nada. Un día, David fue a ver a sus hermanos y escuchó a Goliat burlarse de los ejércitos de Israel. Eso lo enfureció y le hizo preguntarse por qué nadie estaba haciendo nada al respecto.

Cuando escuchó que había una recompensa para cualquiera que matara a Goliat, David inmediatamente se ofreció a hacerlo. Cuando David le dijo al rey Saúl que él [David] sería el que mataría a Goliat, Saúl se rió, desestimándolo como demasiado joven e inexperto. David no cedió, por lo que Saúl finalmente cedió y sancionó el encuentro. Sin embargo, antes de dejar ir a David, le dio a David su armadura personal para que la usara:

> Y Saúl vistió a David con sus ropas, y puso sobre su cabeza un casco de bronce, y le armó de coraza. Y ciñó David su espada sobre sus vestidos, y probó a andar, porque nunca había hecho la prueba. Y dijo David a Saúl: Yo no puedo andar con esto, porque nunca lo practiqué. Y David echó de sí aquellas cosas. Y tomó su cayado en su mano, y escogió cinco piedras lisas del arroyo, y las puso en el saco pastoril, en el zurrón que traía, y tomó su honda en su mano, y se fue hacia el filisteo (1 Samuel 17:38-40).

David no podía funcionar con la armadura de Saúl porque Saúl era una cabeza más alto que todos sus compañeros (véase 1 Samuel 9:2). En cambio, David se quitó la armadura y tomó lo que le resultaba más cómodo: una honda y algunas piedras.

¿QUÉ LLEVAS PUESTO AHORA MISMO?

¿Ves la lección aquí? Saúl asumió que David solo podía pelear vestido con armadura corporal, por lo que Saúl le dio la suya. Tal vez otros han tratado de darte lo que les conviene, y tú has tratado de caminar en ello. Sin embargo, no es posible que seas un hombre o una mujer de propósito y camines en lo que otra persona te da. Debes encontrar tu propia alegría, creatividad y pasión.

Es más, no se lo puedes explicar a nadie para que lo entienda cuando tú ni siquiera lo entiendes. Simplemente sabes lo que tu corazón te está diciendo y eso es lo que persigues, ya sea que tenga perfecto sentido o no. Recuerde lo que el escritor de sabiduría nos dijo: "Cada corazón conoce su propia amargura, y *nadie más puede* compartir totalmente su alegría" (Proverbios 14:10, cursiva agregada).

Sabes cuánto amas la música, el arte, los viajes, la escritura, los negocios, la predicación o la medicina. Nadie sabe mejor que tú lo que hay en tu corazón, por mucho que te quieran o por muy bien intencionados que sean. Solo tú estás equipado para escuchar y seguir a tu corazón. ¿Estás a la altura de la tarea? ¿Estás listo para rechazar los pensamientos de los demás en lo que te concierne y aceptar los tuyos? Esa es la única forma en que puedes desbloquear tu potencial a medida que desbloqueas el poder de tu pensamiento en lo que a ti respecta.

Esta semana, es hora de ser honesto. ¿Estás tratando de cumplir las expectativas de otra persona para ti? ¿Te has puesto la armadura de otra persona? Si es así, quítatela inmediatamente y eso significa reemplazar la armadura de pensamiento que pertenece a otra persona y reemplazarla con tu armadura de honda y piedra. No te enfrentes a tus Goliats esta semana a imagen y semejanza de otra persona. Enfréntalos por tu cuenta; eso es lo suficientemente bueno para hacer el trabajo. Te sentirás más ligero, más ágil y más feliz de lo que has sido en un tiempo, y será un paso significativo identificar y abrazar tu propósito.

Actúa Según Tus Palabras

¿Alguna vez has dicho algo sobre ti mismo o te has referido a algo que querías hacer y luego has pensado: "¿Por qué dije eso? ¿Qué pensará la gente de mí en este momento? ¡Deben pensar que estoy presumiendo o que tengo un gran ego!" Si es así, entonces puede ser por eso que no puedes aclarar tu propósito, simplemente porque no te sientes cómodo hablando o refiriéndote a ti mismo. Sin embargo, no te preocupes, porque hay alguien que puede ayudarte con este tipo de pensamiento.

¿DE VERDAD DIJO ESO?

En el último capítulo, vimos que David no podía usar la armadura de Saúl cuando salió a enfrentar a Goliat. Tenía que vestir y usar lo que le resultaba más cómodo. De la misma manera, no puedes caminar en las expectativas o el propósito de otra persona para ti, sin importar cuán bien intencionados puedan ser. Así que David, armado con el equipo adecuado (una honda y algunas piedras), entró en el campo de batalla para enfrentarse a este temible gigante. Inmediatamente se enfrentó al gigante profiriendo algunas amenazas desalentadoras:

> Le dijo a David: "¿Soy yo un perro para que me vengas con palos?" Y el filisteo maldijo a David por sus dioses. "Ven acá", le dijo, "y daré tu carne a las aves del cielo y a las bestias del campo" (1 Samuel 17:43-44).

Ahora, si David hubiera sido como algunas personas que conozco, él habría dicho: "Bueno, tal vez, quiero decir, tal vez el Señor quiera usarme, pero no me malinterpreten, no estoy diciendo que lo sé con certeza y si algo bueno sucede, será el Señor y no yo. No quiero que pienses que soy yo". Afortunadamente, David tenía una mentalidad diferente. Cuando Goliat lo atacó verbalmente, David se apresuró a tomar represalias:

> "Entonces dijo David al filisteo: Tú vienes a mí con espada y lanza y jabalina; mas yo vengo a ti en el nombre de Jehová de los ejércitos, el Dios de los escuadrones de Israel, a quien tú has provocado. Jehová te entregará hoy en mi mano, y yo te venceré, y te cortaré la cabeza, y daré hoy los cuerpos de los filisteos a las aves del cielo y a las bestias de la tierra; y toda la tierra sabrá que hay Dios en Israel. Y sabrá toda esta congregación que Jehová no salva con espada y con lanza; porque de Jehová es la batalla, y él os entregará en nuestras manos" (1 Samuel 17:45-47).

¡Qué bravuconería! ¡Qué coraje! ¡Qué confianza tenía David! No había nada tentativo en lo que decía o planeaba hacer. Era audaz y específico. Algunos piensan que ese tipo de conversación aliena a Dios y tú puedes ser uno de ellos. Si es así, entonces necesitas cambiar tu forma de pensar. A Dios no le repelen esas palabras. Esa charla atrajo a Dios a la causa de David, y él salió rápidamente con David para encontrarse con el gigante. David cumplió sus promesas, mientras que Goliat murió tratando de averiguar qué salió mal.

ACTÚA SEGÚN TUS PALABRAS

¿Cómo puedes aplicar esta lección a tu vida ahora mismo para desbloquear el poder de tu pensamiento? En primer lugar, David tenía un historial del que podía sacar provecho. Había matado leones y osos, y veía el asesinato de este gigante como una continuación y una consecuencia de esas hazañas. Debes permitir que Dios te ponga en situaciones desafiantes para que cuando venzas, puedas referirte a esas experiencias para ayudarte a pelear batallas futuras. O, si tienes hazañas pasadas, debes recordar esas lecciones y llevarlas a los desafíos de tu vida actual.

En segundo lugar, debes saber quién eres y qué quieres hacer. David no se contuvo; Fue claro y conciso. Él dijo: "Yo soy un campeón de Dios y tú, Goliat, no lo eres. Estás cayendo, a pesar de tu tamaño, tus palabras y tu confianza". Finalmente, David dijo lo que iba a hacer sin miedo a lo que los demás pensaran de él. Pronunció palabras positivas, afirmativas y poderosas y luego se dedicó a cumplirlas, a pesar de que era joven, mucho más joven que todos esos soldados, sus hermanos y el rey Saúl.

¿De qué estás hablando estos días? Una mejor pregunta es ¿qué *es lo que no estás* hablando? Las palabras tentativas e infieles producen acciones tentativas e infieles. Las palabras positivas y poderosas producen acciones similares. Deja de dudar y temer hacer declaraciones audaces en lo que respecta a tu propósito y tus sueños. Sueña grandes cosas, habla de ellas y no te preocupes por cómo suenas ante otras personas. Solo debes preocuparte por cómo le suenas a Dios.

A muchas personas les preocupa predicar con el ejemplo, pero si no estás hablando de lo que vas a hacer con la ayuda de Dios, no tendrás nada que mostrar. Sueña grandes cosas, habla de hacerlas y luego ve a hacerlo. Sé que es fácil de describir, pero no es fácil de hacer. También sé que solo puedes hacer grandes cosas una vez que dejas de tropezar y murmurar tu camino a través de tu propósito y sueños. Todos los días de esta semana, cuida lo que no dices y sigue el ejemplo de David para hablar palabras de fe y valentía a medida que transformas tu forma de pensar sobre hacer y hablar de hacer grandes cosas para Dios.

Semana

#33

Qué Hacer Con Una Cabeza Grande

Cuando alguien describe a otra persona como una persona con una cabeza grande, ¿a qué se refiere? Por lo general, significa que tienen una opinión exagerada de sí mismos o tercos. En otras palabras, su forma de pensar en lo que respecta a ellos es engreída y, si hablan de sí mismos, es aún más una indicación de que tienen una "cabeza grande".

¿Qué haces para evitar una "cabeza grande"? Puedes negarlo cuando alguien te felicita por algo que haces o eres. No quieres parecer orgulloso o egocéntrico, por lo que puedes minimizar tus fortalezas y logros a tus ojos y a los ojos de los demás, o negarlos por completo. Esto puede parecer espiritual o noble, pero en realidad indica que necesitas desbloquear el poder de tu pensamiento en lo que respecta a la imagen que tienes de ti mismo.

¿Qué *debes* hacer cuando tienes éxito o recibes un cumplido? Me alegro de que lo preguntes. Para obtener la respuesta, sin embargo, tendrás que seguir leyendo.

UNA CABEZA GRANDE

Hemos visto la historia de David y Goliat en los dos últimos capítulos. Vimos cómo David hizo declaraciones específicas de lo que estaba a punto de hacerle a Goliat. David cumplió sus promesas y mató a Goliat de un tiro de su honda. Es lo que hizo a continuación lo que responde a las preguntas que planteé anteriormente. ¿Qué hizo David después de matar a Goliat? ¡Le cortó la cabeza! Debe haber sido una cabeza de gran tamaño no solo para cortar, sino también para llevarla a todas partes.

Los ejércitos de Israel se sintieron alentados por el triunfo de David, y salieron para asegurar su propia victoria sobre el ejército filisteo. Ese fue uno de los subproductos del éxito de David. Entonces David hizo algo más que sería bastante inusual para muchos que conozco, tal vez incluso para ti:

> Y David tomó la cabeza del filisteo y la trajo a Jerusalén, pero las armas de él las puso en su tienda (1 Samuel 17:54).

¿Qué hizo David con la cabeza? Dudo que lo guardara en su tienda o que hiciera un llavero con él. Hizo lo que la mayoría de los campeones hacen con semejante botín de batalla. Probablemente David colgó la cabeza en un poste para que todos la vieran. David celebró su propia victoria y publicitó su logro. Además, guardó un recuerdo de la batalla guardando la espada del gigante en su vitrina de trofeos. ¿Cómo responde esto a la pregunta de qué hacer cuando se alcanza el éxito? ¿Qué información te da esto sobre cómo debes responder cuando recibes un cumplido?

NO TE PREOCUPES QUE UNA CABEZA GRANDE TE DARÁ UNA CABEZA GRANDE

David celebró su victoria. Quería que la gente viera la cabeza de Goliat para que se animaran a luchar en sus propias batallas futuras. Como buen líder, David quería que la gente viera que no tenía que encogerse de miedo. Es más, no minimizó su éxito diciendo algo como: "Bueno, no fue nada. Fue un golpe de suerte y Dios realmente lo hizo, no yo".

En cambio, David dijo: "Mira lo que he hecho. ¿Qué puedes hacer? ¿Qué podemos hacer juntos como ejército sin miedo? Eso es lo que tienes que hacer tú también. Si alguien te felicita por algo que has hecho o por algo que eres, dile 'Gracias'". No rechaces sus elogios.

Si has hecho algo y nadie te felicita, entonces felicítate a ti mismo. Admira lo que has hecho y saborea el momento, sin sentirte cohibido ni preocuparte por lo que los demás pensarán de ti, si es que necesitan saberlo. Si logras un objetivo por el que has trabajado duro, organiza una fiesta e invita a tus amigos a celebrarlo contigo. Haz un viaje en honor a tu nuevo trabajo, título o proyecto terminado.

David sabía cómo celebrar sus victorias y usarlas para impulsarse a sí mismo y a los demás a cosas más grandes. Nosotros tenemos que hacer lo mismo. No te preocupes por una cabeza grande; Habrá suficientes golpes y desafíos duros para mantener los pies firmemente plantados en la realidad y la cabeza al tamaño normal del sombrero. Sin embargo, cuando hagas algo grandioso, no tengas miedo de reconocer que fue significativo. Y si los demás también lo reconocen y se inspiran en su propia grandeza, entonces es mucho mejor.

Todo este proceso puede ayudarte a ver que no tienes miedo al fracaso, sino a lo que harás si tienes éxito. Esa es una forma importante de desbloquear el poder de tu pensamiento. ¿Puedes manejar el éxito y la admiración de los demás? Espero que aprendan a transmitir sus victorias en lugar de esconderse detrás de la mediocridad para que nadie se ofenda. Apunta a grandes cosas, hazlas y dile al mundo si otros no lo hacen.

Cristiano-Minicis

Desde 2006, he escrito mis pensamientos e ideas en un cuaderno de diario. En este capítulo, quiero darte una razón por la que escribir un diario es tan importante. La razón es que combates la enfermedad llamada cristiano-minicis ¿has oído hablar de Cristiano-minicis? Es una condición grave que aflige a la mente y es capaz de apagar todos sus esfuerzos de establecimiento de metas y búsqueda de propósitos, causando eventualmente una parálisis de su voluntad. Echemos un vistazo a esta enfermedad debilitante pero no mortal.

DOS SÍNTOMAS

Cristiano-minicis: por lo general, se manifiesta de una de dos maneras. La primera es la incapacidad de pensar o hablar de ti mismo, de lo que disfrutas o de lo que se te da bien. Hacerlo es orgullo, o eso es lo que te dice Cristiano-minicis, por lo que evitas hacer cualquier búsqueda o excavación profunda. También te advierte que tus sentimientos pueden llevarte por el camino equivocado, por lo que no se puede confiar en ellos. Los cumplidos no se pueden recibir ni procesar, porque los logros que has tenido se deben únicamente a la obra de Dios en tu vida. Los fracasos, por otro lado, son puramente tu culpa y debes castigarte por cualquier mal hecho y evitar hacer algo similar a los eventos que llevaron al fracaso.

Otra forma en que se manifiesta la Cristiano-minicis es en extrema pasividad. Este síntoma dicta que debes esperar en el Señor todas las cosas, teniendo cuidado de evitar cualquier iniciativa que provenga de tu corazón o emociones. Si Dios quiere que hagas o seas algo, entonces depende de Él iniciar, confirmar, dirigir, guiar y finalizar todo. Tú eres el pasajero que lo acompaña en el viaje y Él es el capitán, el mayordomo, el sobrecargo, el navegante y el animador. Este síntoma te ayuda a evitar cualquier fracaso, pero también cualquier éxito, y te empodera para juzgar los esfuerzos de los demás en lugar de dedicarte a los tuyos. Estoy siendo gracioso al exagerar estos síntomas, pero no por mucho. Veamos ahora cómo escribir un diario puede ayudarte a superar la Cristiano-minicis y desbloquear el poder de tu pensamiento que lo combatirá y lo superará.

PRESTAR ATENCIÓN

Escribir un diario te ayuda a prestar atención a lo que sucede a tu alrededor, en tu mente y en tu corazón. ¿Por qué es importante? Es fundamental prestar atención porque así es como Dios se comunica contigo. Debes escribir lo que piensas y sientes para que puedas verlos, honrarlos y permitir que Dios los use para dirigirte en tus caminos de justicia. La fe sin acciones está muerta según Santiago y escribir un diario te da la oportunidad de hacer *algo* con tus sueños, pensamientos e ideas de fe. Lee lo que el Señor le dijo al profeta que se quejaba ante Él acerca de sus circunstancias:

> Sobre mi guarda estaré, y sobre la fortaleza afirmaré el pie, y velaré para ver lo que se me dirá, y qué he de responder tocante a mi queja. Y Jehová me respondió, y dijo: Escribe la visión, y declárala en tablas, para que corra el que leyere en ella. Aunque la visión tardará aún por un tiempo, mas se apresura hacia el fin, y no mentirá; aunque tardare, espéralo, porque sin duda vendrá, no tardará. He aquí que aquel cuya alma no es recta, se enorgullece; mas el justo por su fe vivirá (Habacuc 2:1-4).

Si el Señor mandó al profeta que lo escribiera, ¿no crees que Él podría estar dándote el mismo consejo?

Incluyo en el Apéndice algunos consejos para llevar un diario que encontré en línea para ayudarte a comprender el concepto de escribir en un diario más completamente. Sin embargo, no hay otra manera de escribir en un diario que hacerlo, y por favor no use una tableta amarilla o un cuaderno de espiral como diario. Invierte en algo bonito que te asegures de usar. Comienza esta semana y en el próximo capítulo veremos más consejos para ayudarte a desbloquear el poder de tu pensamiento a través del diario.

Semana

#35

Prestar Atención

Si vas a desbloquear el poder de tu pensamiento, debes prestar mucha atención a tu pensamiento. Es casi como tener una experiencia extracorpórea que te permite observarte a ti mismo. Eso puede sonar inusual, pero en esencia significa que debes pensar en lo que piensas y descubrir las razones por las que lo estás pensando. Para entender mejor a qué me refiero y cómo participar en este proceso, será necesario que sigas leyendo.

¿QUIÉN ME TOCÓ?

Hay muchas historias de la vida y el ministerio de Jesús que me intrigan. He aquí una de ellas:

> Una gran multitud lo siguió y se apretujó a su alrededor. Y allí había una mujer que había estado sangrando durante doce años. Había sufrido mucho bajo el cuidado de muchos médicos y había gastado todo lo que tenía, pero en lugar de mejorar, empeoró. Cuando oyó hablar de Jesús, se acercó detrás de él en medio de la multitud y tocó su manto, porque pensó: "Si toco sus ropas, seré sanada". Inmediatamente su hemorragia se detuvo y sintió en su cuerpo que se liberaba de su sufrimiento. De inmediato, Jesús se dio cuenta de que el poder había salido de él. Se dio la vuelta entre la multitud y preguntó: "¿Quién tocó mi ropa?" "Ves a la gente que se apiña contra ti—respondieron sus discípulos—, y sin embargo puedes preguntar: '¿Quién me tocó?'". Pero él miraba alrededor para ver quién había hecho esto (Marcos 5:24b-32).

Jesús estaba tan en contacto con su entorno que sabía

cuándo alguien con una necesidad lo tocaba. A veces no me doy cuenta de que alguien está necesitado cuando me lo dicen, pero Jesús lo supo con solo un toque. Podía sentir que algo había sucedido, aunque por alguna razón el Hijo del Hombre no sabía quién era (o tal vez lo sabía, pero quería que la mujer hablara por sí misma, ya que había tratado de mantener su anonimato). Relaciono este versículo con uno que se encuentra en Proverbios en lo que concierne a buscar tu propósito: "El corazón conoce la amargura de su alma; y extraño no se entremeterá en su alegría" (Proverbios 14:10). Entonces, ¿cómo se relaciona este versículo con el pasaje de Marcos 5?

PRESTA ATENCIÓN A TU CORAZÓN

Si estás buscando un propósito o la respuesta a cualquier situación de la vida, debes prestar atención a lo que te toca o te quita algo. Si ayudas a una persona mayor y tienes una alegría indescriptible, debes preguntarte: "¿Quién y qué me acaba de tocar? ¿Por qué estoy tan eufórico?" Si creas arte y es un subidón espiritual y emocional para ti, debes preguntarte: "¿Por qué me gusta tanto?" Si estás en un trabajo que todo el mundo dice que deberías amar pero no es así, tienes que preguntarte: "¿Por qué soy tan infeliz? ¿Qué falta aquí? ¿Qué sé yo que los demás no sepan de mi corazón?"

Si vas a encontrar y cumplir tu propósito, debes dejar de hablarte a ti mismo de cómo crees que deberías sentirte. Debes prestar más atención que nunca a tu propia amargura y alegría y comenzar a hacer preguntas como: "¿Qué me acaba de tocar y por qué me sentí tan bien (o mal)?"

Dejé de intentar hacerme disfrutar de algo que no hago. Dejé de escuchar a los demás decirme por qué debía estar alegre cuando no lo estaba. Dejé de tratar de explicar por qué me encantaba hacer algo o ir a algún lugar cuando los demás no sentían lo mismo o ni siquiera entendían lo que yo estaba sintiendo. En otras palabras, comencé a prestar atención y dejé de disculparme por lo que soy. Dejé de usar mis pensamientos para convencerme de lo que soy y de lo que no soy y de lo que nunca seré.

¿Estás listo para seguir mi ejemplo? ¿Estás listo para prestar atención a tus pensamientos y a la realidad actual y luego hacer algo sobre lo que amas y lo que no amas? ¿Estás listo para dejar de disculparte por lo que eres? ¿Estás listo para dejar de seguir las expectativas de los demás y seguir tu corazón? Si es así, entonces seguramente encontrarás tu propósito y serás productivo para el Señor. Dios quiere que lo sepas y, si dejas de luchar contra ello en tu mente, no puedes evitar encontrarlo, probablemente con la evidencia de los encuentros con tu propio corazón y la experiencia que tienes esas experiencias fuera del cuerpo que mencioné al comienzo de este capítulo.

Seguir Vertiendo

¿Alguna vez te has enfrentado a una presión económica que casi te paralizó? ¿Estabas en una situación tan desesperada que no sabías qué hacer a continuación? En 2001, me enfrenté a una transición importante en mi vida cuando comencé PurposeQuest International. La presión era tan grande que había días en los que no hacía nada más que tumbarme en el sofá. No teníamos dinero, yo no tenía negocio y no siempre estaba seguro de qué hacer a continuación. Si te enfrentas a algo así o lo has enfrentado, entonces tal vez puedas identificarte. Si no lo has hecho, es posible que desees seguir leyendo y luego archivar esto para usarlo en el futuro, en caso de que lo necesites, y es probable que en tu propia búsqueda de propósito te enfrentes a este tipo de presión en un momento u otro.

MÁS VASIJAS

En 2 Reyes 4, el profeta Eliseo conoció a una viuda que también estaba en tiempos desesperados. Estaba tan endeudada que temía perder a su hijo a manos de sus acreedores. Cuando buscó al profeta de Dios para pedirle consejo, Eliseo le dio un consejo inesperado. Le dijo que fuera a buscar tantas vasijas como fuera posible. Una vez hecho esto, debía ir a su casa, cerrar la puerta y empezar a verter el poco aceite que tenía en esos frascos. Esto es lo que sucedió a continuación:

> Y se fue la mujer, y cerró la puerta encerrándose ella y sus hijos; y ellos le traían las vasijas, y ella echaba del aceite. Cuando las vasijas estuvieron llenas, dijo a un hijo suyo: Tráeme aún otras vasijas. Y él dijo: No hay más vasijas. Entonces cesó el aceite. Vino ella luego, y lo contó al varón de Dios, el cual

dijo: Ve y vende el aceite, y paga a tus acreedores; y tú y tus hijos vivid de lo que quede (2 Reyes 4:5-7).

¿Crees que la mujer deseó en ese momento haber reunido más vasijas para contener el aceite? El punto es que aún debes operar con fe cuando estás desesperado. Lo que es más, debes hacer las cosas de manera consistente no con dónde estás ahora, sino con dónde estarás cuando llegue tu momento de avanzar o ascenso, y ese avance llegará a medida que desbloquees el poder de tu pensamiento para no enfocarte en la crisis, sino en la promesa de Dios y Su solución.

MIS VASIJAS

Cuando tuve ese momento desesperado, apenas podía funcionar, pero sabía que tenía que levantarme del sofá y escribir. Tuve que preparar seminarios y enseñanzas a pesar de que no tenía nada que hacer. Tuve que tomar decisiones financieras para el futuro cuando no tenía dinero en el presente. Es más, me sentí dirigido a regalar cosas a los demás cuando mis propias necesidades eran críticas. Fue durante esa temporada cuando comencé a escribir mi publicación semanal llamada Monday *Memo* (el Memo del Lunes) y se la regalé a cualquiera que estuviera interesado. Poco después, comencé a enviar mis estudios bíblicos semanales de forma gratuita a todos y cada uno. Diseñé un sitio web y comprometí dinero para su desarrollo, dinero que no tenía sin ninguna promesa de retorno una vez que estuviera en funcionamiento.

Ahora que miro hacia atrás, hice lo que esta mujer hizo hace muchos siglos: seguí vertiendo lo poco que tenía y Dios siguió proveyendo más. Hoy estoy enseñando lo que desarrollé en esos tiempos oscuros e inciertos. Cada año me reúno con cientos de personas de todo el mundo, y les aconsejo con cosas que leí y estudié cuando mi presión financiera casi me dejó indefenso y sin esperanza.

¿Y tú? ¿Estás en un momento que parece llamar a la desesperación? Si es así, ¿tal vez sea hora de juntar algunos frascos más y comenzar a servir? Tu situación puede ser crítica, pero te insto a que pienses y actúes esta semana como si no lo fuera. Te pido que hagas lo que solo Dios puede ayudarte a hacer: actuar hoy como si tu avance ya estuviera aquí, aunque la evidencia diga lo contrario. Si puedes hacer esto, entonces cuando llegue tu avance, y llegará, tendrás suficientes tinajas, lo que sea que eso represente para ti, para contener las bendiciones que están reservadas para todo siervo de Dios con propósito. Si yo sobreviví a mi época oscura, tú también lo harás. Cuando todo termine, te alegrarás de no haber dejado de derramar, de no haber sucumbido a los pensamientos de desesperación y, en cambio, te aferrarás a pensamientos de esperanza y propósito.

Semana

#37

Unos Cuantos Palos

¿Alguna vez te has enfrentado a lo que considerabas una situación desesperada? ¿Te enfrentas a uno ahora? En los últimos capítulos, hemos analizado el papel de las dificultades económicas como un medio para asustarte de tu propósito o para refinarte en el camino. En este capítulo, quiero continuar con ese tema y mirar a una mujer que había perdido la esperanza, que estaba lista para volver a casa y morir. Ella estaba teniendo pensamientos de fatalidad y pesimismo, y Dios tenía que darle algunos pensamientos nuevos para desbloquear el poder de su pensamiento si iba a salir adelante. Si estás a punto de rendirte, sigue leyendo. Si aún no te enfrentas a ese escenario, sigue leyendo de todos modos, porque es posible que algún día te enfrentes a ese tipo de desesperanza.

UNOS CUANTOS PALOS

El Señor envió al profeta Elías a una mujer en 1 Reyes 17 durante una hambruna. La mujer no lo sabía en ese momento, pero iba a alimentar a Elías durante la sequía y, mientras alimentaba a Elías, también alimentaría a su familia. A veces Dios quiere que seas generoso cuando cada pensamiento en ti dice que eso no es posible.

Elías se encontró cara a cara con la mujer y le pidió de beber. Sabemos que fue generosa, porque le dio al hombre un poco de agua a pesar de que había una sequía severa. Entonces Elías le pidió pan. Cuando lo hizo, esto fue lo que ella dijo:

> "Y ella respondió: Vive Jehová tu Dios, que no tengo pan cocido; solamente un puñado de harina tengo en la tinaja, y un poco de aceite en una vasija; y ahora recogía dos leños, para entrar y prepararlo

para mí y para mi hijo, para que lo comamos, y nos dejemos morir" (1 Reyes 17:12).

Esta mujer pensaba: "Se acabó. Las cosas no podían empeorar. La muerte es el siguiente paso". Sin embargo, Elías le dijo que había visto lo peor y que las cosas iban a mejorar. Él le dio nuevos pensamientos y perspectivas:

> Elías le dijo: "No tengas temor; ve, haz como has dicho; pero hazme a mí primero de ello una pequeña torta cocida debajo de la ceniza, y tráemela; y después harás para ti y para tu hijo. Porque Jehová Dios de Israel ha dicho así: La harina de la tinaja no escaseará, ni el aceite de la vasija disminuirá, hasta el día en que Jehová haga llover sobre la faz de la tierra" (1 Reyes 17:13-14).

Y eso es exactamente lo que sucedió. Esa mujer pasó de tener unos pocos palos y un pedazo de pan a un suministro interminable de alimento para ella, su hijo y el profeta.

MENTALIDAD DE ESCASEZ

Cuando las cosas han sido difíciles, naturalmente cambias al modo de supervivencia. Esta mujer solo estaba tratando de sobrevivir y se había quedado sin esperanza de eso. La idea de prosperidad estaba fuera de discusión. Sin embargo, su avance estaba a solo un momento de distancia. Es más, su avance puede ser solo un encuentro casual, una llamada telefónica o una idea de distancia también.

Fíjate que Elías le dijo a la mujer lo que Moisés les dijo a los israelitas cuando estaban en el desierto: No temáis. El miedo te paralizará en una crisis y necesitas toda tu creatividad y esperanza para superar los momentos difíciles. Esos tiempos vienen para demostrar que Dios es fiel y para hacerte resistente y esperanzado. Pero debes tener esperanza, no en tus propios esfuerzos o ideas, sino en Dios.

Si no te enfrentas a este tipo de desesperanza, entonces tal vez conozcas a alguien que sí lo esté. Si es así, no te aconsejo que ignores la gravedad de tu situación. Te exhorto, sin embargo, a no perder la esperanza, incluso cuando tu esperanza está totalmente oscurecida. Di lo que dijo Job: "Aunque me mate, en Él esperaré" (Job 13:15), y sigue adelante. Entonces, espero que algún día escribas tu historia y me la envíes para que se animen otros que sienten que todo lo que tienen son unos pocos palos que se interponen entre ellos y el fracaso total.

Vellón

Si tú eres como algunos creyentes, quieres saber si tus ideas y acciones están sancionadas por el Señor. Por lo tanto, puedes buscar una señal de confirmación antes de actuar, y todo ese proceso se llama sacar un vellón delante del Señor. Vimos esa idea por primera vez en la historia de Gedeón, así que veamos eso ahora y veamos si hay alguna lección que podamos aprender de lo que hizo Gedeón y por qué lo hizo para ayudarnos a desbloquear el poder de nuestro pensamiento.

VELLÓN

Dios se le apareció a Gedeón y lo designó como el que liberaría a Israel de los madianitas. Esta directiva no era lo que Gedeón esperaba, por lo que le pidió a Dios en tres ocasiones distintas que le diera una señal de que efectivamente era el Señor quien estaba guiando sus pasos. Este es uno de esos ejemplos:

> Y Gedeón dijo a Dios: Si has de salvar a Israel por mi mano, como has dicho, he aquí que yo pondré un vellón de lana en la era; y si el rocío estuviere en el vellón solamente, quedando seca toda la otra tierra, entonces entenderé que salvarás a Israel por mi mano, como lo has dicho. Y aconteció así, pues cuando se levantó de mañana, exprimió el vellón y sacó de él el rocío, un tazón lleno de agua. Mas Gedeón dijo a Dios: No se encienda tu ira contra mí, si aún hablare esta vez; solamente probaré ahora otra vez con el vellón. Te ruego que solamente el vellón quede seco, y el rocío sobre la tierra. Y aquella noche lo hizo Dios así; solo el vellón quedó seco, y en toda la tierra hubo rocío (Jueces 6:36-40).

Vemos en este pasaje que un vellón delante del Señor era precisamente eso para Gedeón: una piel de oveja que una vez estaba empapada de rocío y otra vez no. Gedeón seleccionó esa señal específica y Dios decidió responder. Sería bueno si Dios respondiera a cada solicitud de confirmación como lo hizo en este caso, pero por lo general no lo hace. ¿Por qué?

Esto se debe a que la mayoría de las peticiones no se hacen con fe, sino con incredulidad, y Dios no responde muy bien a aquellos que no confían en Él en primer lugar. Cuando eso sucede, reciben la respuesta que Jesús dio a los judíos. Veamos eso ahora.

NINGUNA SEÑAL, MÁS O MENOS

Entonces algunos de los fariseos y de los maestros de la ley le dijeron: "Maestro, queremos ver de ti una señal milagrosa". Él respondió: "¡Una generación perversa y adúltera pide una señal milagrosa! Pero a nadie se le dará, sino la señal del profeta Jonás" (Mateo 12:38-39).

Nótese que Jesús realmente no dijo que no habría señal. En cambio, dijo que sería una señal de la elección de Dios y la señal sería que Jesús resucitaría de entre los muertos después de tres días, así como Jonás fue liberado después de tres días de estar en el vientre del pez grande. El problema de pedir una señal hoy es que ya se ha dado una señal: ¡Jesús está vivo!

Si Dios puede resucitar a los muertos, entonces puede hacer cualquier cosa. Él puede ayudarte a iniciar tu negocio, publicar su trabajo, encontrarte un trabajo o financiar tu viaje misionero. Cuando dices: "Oh Dios, necesito una señal que me haga saber si esto es algo que quieres que haga o no", corres el peligro de preguntar porque realmente no crees que puedas hacer lo que se te pide que hagas. Estás pidiendo con duda e incredulidad y no con fe. La fe es siempre una decisión y no un sentimiento, aunque tus sentimientos confirmarán lo correcto de tu decisión de caminar en fe. Tu pensamiento juega un papel importante en tu caminar de fe.

El Señor le pidió a Gedeón que dirigiera una batalla contra un enemigo importante, y Gedeón necesitaba esa tranquilidad porque había muchas vidas en juego. La mayoría de nosotros nunca nos enfrentaremos a ese tipo de desafío. El tuyo es mucho menos exigente, por lo que el conocimiento de que Dios resucita a los muertos te asegura que Dios puede hacer cualquier cosa, especialmente ayudarte a hacer lo que está en tu corazón, como escribir poesía, comprometerte a alimentar a los hambrientos o iniciar un negocio.

Tal vez esta semana necesites dejar de postergar en la incredulidad sacando un vellón que nunca será respondido porque tienes toda la señal que necesitas o vas a recibir. En lugar de perder el tiempo esperando, busca maneras de hacer lo que está en tu corazón para hacer. Cuando lo hagas, Dios te enviará toda la confirmación que necesites en cada paso del camino.

Semana

#39

Sueños Imposibles

Cuando se trata de propósito, visión y metas, las personas tienen sueños y algunos los comparten conmigo. Alguien me dijo que quería ser dueño de un canal de televisión, otro me dijo que quería donar 100 millones de dólares algún día, y otro más que quería tener una cadena de hogares para niños y mujeres maltratados. Mientras escucho cortésmente y hago todo lo que puedo para animarlos, estoy pensando todo el tiempo: "Esto no es más que una quimera". Un sueño imposible es una esperanza o expectativa poco realista, pero hasta hoy, no sabía el origen de la frase hasta que investigué un poco. ¿Quieres saber de dónde viene la frase "Sueño de una pipa"? Si lo haces o no, conoces las reglas, tendrás que seguir leyendo.

¿QUÉ ESTÁS FUMANDO?

La frase "sueño imposible o sueño de una pipa" proviene de los sueños que algunas personas tenían cuando fumaban opio en el siglo XIX. Después de beber, tenían visiones extrañas y se decía que algunas obras creativas, como el poema *Kubla Khan*, eran el resultado de que el autor estaba bajo la influencia del opio. Hay otra pregunta entre los jóvenes de hoy cuando escuchan a alguien hacer una declaración extravagante cuando preguntan: "¿Qué estás fumando?", que es una referencia obvia a alguien que no tiene el control total de sus facultades.

Ahora que conoces la fuente, puede que no pienses que es justo de mi parte referirme a los sueños de algunas personas como sueños imposibles, pero sostengo que es preciso. Esto no se debe a que estén drogados, sino a que su sueño es total y completamente irreal. Como ves, Dios no puede darte lo que no estás listo para recibir. Si no has desarrollado tu potencial,

Dios no puede promoverte, y no lo hará, no importa cuánta fe tengas. Consideremos los ejemplos que mencioné en el primer párrafo.

El hombre que quería ser dueño de un canal de televisión no tenía experiencia en negocios ni en medios de comunicación. Trabajaba en algo no relacionado y no tenía idea de lo que era la televisión, ni estaba preparado para aprender. El hombre que quería regalar 100 millones de dólares estaba jugando a la lotería, en lugar de involucrarse en trabajos o capacitación que pudieran enseñarle cómo administrar y distribuir grandes sumas de dinero. La mujer que quería ganarse una cadena de casas ni siquiera trabajaba con los maltratados o afligidos cuando compartió su sueño conmigo. En cada caso, el soñador no estaba haciendo lo que podía hacer mientras esperaba que Dios hiciera Su parte. Habían puesto toda la carga de ver su sueño cumplido en Él mientras se eximían a sí mismos de tomar las medidas necesarias. En otras palabras, su forma de pensar estaba equivocada.

Ninguna de las personas en esos tres ejemplos estaba haciendo nada para prepararse para su sueño. Eran como personas que creían en un libro superventas, pero nunca escribían ni desarrollaban sus habilidades de escritura. Todos tenían sueños imposibles en el Señor y eran tan fantásticos como alguien que estaba tomando una droga alucinatoria. En cierto modo, sus sueños les hacían pensar que estaban haciendo algo cuando en realidad no lo estaban.

EL ÉXITO NO ES CASUALIDAD

Si bien el éxito requiere mucha fe, también requiere preparación. David aprendió a guiar y proteger a las ovejas y eso lo preparó para ser rey. Saulo era un erudito hebreo y eso le permitió, con la ayuda de Dios, ser San Pablo. Algunos expertos estiman que se requieren 10.000 horas invertidas en cualquier disciplina o habilidad para estar listo para el éxito. En mi propia vida, he entrevistado y aconsejado a miles de personas durante los últimos treinta años para ayudarles a encontrar su propósito. He escrito, leído, hablado y enseñado sobre el propósito y la creatividad. He debatido, me han contradicho y me han tachado de estar equivocado, he hecho amigos, he perdido amigos, he viajado por el mundo y he estudiado. Esas eran las cosas que yo podía hacer mientras confiaba en Dios para hacer las cosas que solo Él podía hacer. Incluso entonces, todo lo que he logrado ha sido el resultado de Su gracia, pero Su gracia no abriría la puerta si no estuviera preparado para atravesarla.

¿Cuál es tu sueño y propósito? Si lo sabes, entonces debes hacer todo lo que puedas para que suceda en la voluntad y el tiempo de Dios. Si estás creyendo en un avión, al menos puedes aprender a volar. Si vas a viajar, al menos puedes obtener un pasaporte y aprender algunas palabras en el idioma de la cultura a la que te diriges. Los sueños imposibles son solo fantasías, pero los sueños de fe son reales porque la fe es real, la sustancia de las cosas esperadas. Y también sabemos que Santiago escribió: "Ustedes ven que el hombre es justificado por lo que hace, y no solo por la fe" (Santiago 2:24).

Los chinos dicen que un viaje de mil millas comienza con el primer paso. ¿Estás listo para dar el primer paso o, si ya lo has hecho, el siguiente paso en tu camino de fe? ¿Estás preparado para dar un paso más todos los días, sin importar cuántos pasos te queden entre tú y tu sueño? Eso espero. Si lo eres, entonces eres un candidato para la grandeza y has desbloqueado el poder de tu pensamiento que te permitirá lograrlo. Si no es así, entonces todo lo que puedes tener es una quimera, y los sueños imposibles pueden ser una buena poesía, pero rara vez logran el resultado final.

Escondiéndose De Dios

En este capítulo, consideremos la historia del ascenso del rey Saúl al liderazgo en 1 Samuel. Hay muchas cosas desconcertantes sobre el viaje de liderazgo de Saul, tal como está registrado, que me hacen hacer preguntas como:

- ¿Por qué parecía Dios apoyar tanto el nombramiento de Saúl, a pesar de que estaba claro que Saúl representaba el rechazo de Israel a su reinado?

- ¿Por qué Saúl parecía tan espiritual en un momento dado, con tantas confirmaciones sobrenaturales de su liderazgo, y luego cayó y fracasó tan rápidamente?

- ¿Por qué estaba Samuel tan dispuesto a rechazar a Saúl como rey cuando Saúl desobedeció por lo que aparentemente era una transgresión mucho menor que la que David cometió con Betsabé?

No estoy seguro de encontrar respuestas definitivas, pero sé que disfrutaré de la investigación e intentaré conectar las respuestas con nuestro tema actual de desbloquear el poder de nuestro pensamiento.

LECCIONES PARA APRENDER

Una cosa me llamó la atención de inmediato cuando comencé a estudiar y fue cuán ambivalente era Saúl acerca de la posición de liderazgo que Dios le estaba asignando. Aunque parecía humilde y la respuesta adecuada, no estoy seguro de que lo fuera, y creo que es una respuesta común entre el pueblo de Dios:

1. *Excusas:* "Saúl respondió y dijo: ¿No soy yo hijo de Benjamín, de la más pequeña de las tribus de Israel? Y mi familia ¿no es la más pequeña

de todas las familias de la tribu de Benjamín? ¿Por qué, pues, me has dicho cosa semejante?'" (1 Samuel 9:21). Al igual que Gedeón, Saúl objetó que su herencia familiar no era digna de liderazgo y trató de usar la baja autoestima como excusa para no liderar.

2. *Silencio:* "Un tío de Saúl dijo a él y a su criado: ¿A dónde fuisteis? Y él respondió: A buscar las asnas; y como vimos que no aparecían, fuimos a Samuel. 1Dijo el tío de Saúl: Yo te ruego me declares qué os dijo Samuel. Y Saúl respondió a su tío: Nos declaró expresamente que las asnas habían sido halladas. Mas del asunto del reino, de que Samuel le había hablado, no le descubrió nada" (1 Samuel 10:14-16). Saúl se negó a decirle a su tío lo que Dios le había dicho a través de Samuel, tal vez asumiendo que su silencio haría que todo el encuentro con Samuel desapareciera.

3. *Escondiéndose:* "Finalmente Saúl hijo de Cis fue capturado. Pero cuando lo buscaron, no lo encontraron. Y volvieron a preguntar al Señor: —¿Ha venido ya aquí el hombre? Y el Señor dijo: 'Sí, se ha escondido entre las provisiones'" (1 Samuel 10:21b-22). Después de que no tuvo otra manera de evitar el llamado y la asignación de Dios, Saúl recurrió a esconderse en la bodega. Pensó que podía esconderse del plan de Dios, y que todo simplemente desaparecería, pero estaba equivocado. La elección de Dios era clara y definitiva, y Saúl aceptaría el llamado a regañadientes. Me pregunto si el resto de su carrera fue un intento inútil de huir y esconderse, como se le encontró haciendo cuando comenzó su reinado.

LECCIONES APLICADAS

¿Te ha asignado Dios algo para que hagas? Tal vez sea para crear o un propósito para lograr. Si eres como Saulo, has intentado una o todas estas tres estratagemas para evitar la voluntad de Dios: excusas, silencio y esconderse. El ocultamiento puede tomar la forma de ajetreo ("Dios, simplemente no es realista que yo haga Tu voluntad en este momento"), o silencio ("Si no me ofrezco como voluntario o le cuento a nadie lo que Dios quiere que haga, entonces Dios no puede usarlos para hacerme responsable"), o excusas ("No tengo la educación, el tiempo o el dinero para hacer eso; Espero que Dios se lo dé a alguien más para que lo haga. Después de todo, mis hijos me necesitan"). Supongo que podemos reducir los tres en uno y eso es tratar de escondernos de Dios, usando nuestro pensamiento para generar excusas que calmarán y eventualmente quemarán nuestra conciencia.

¿Te estás escondiendo? Si lo estás, has sido encontrado, así como Saulo fue encontrado. Dios sabe dónde estás y me ha enviado para sacarte. Tienes algo que hacer que solo tú puedes hacer, así que te sugiero que superes las excusas, cambies tu forma de pensar, abras la boca y aceptes la unción que es tuya. Una palabra de advertencia: no actúes como si le estuvieras haciendo un favor a Dios al salir de tu escondite. Si no lidias con tu miedo y rebelión, entonces toda tu "carrera", como la de Saulo, será la del discípulo reacio que debe ser obligado a obedecer y eso no será beneficioso para los que te rodean, ni para ti.

Perspectiva Adecuada

A menudo he escrito sobre la práctica de la falsa humildad y el daño que hace a tu propósito y productividad. Cuando actúas como si no tuvieras éxito o niegas el hecho de que puedes hacer algo bien (falsa humildad), te estás alejando de su importancia y de tu urgente necesidad de hacerlo (o ser) más. Si bien parece espiritual actuar con falta de urgencia, pasividad y autodesprecio, a menudo obstaculiza, e incluso puede impedir, la capacidad de Dios para usarte. Hay una cita muy conocida del poeta escocés Robert Burns, que dice:

> "¡Oh, que los dioses nos dieran el poder o el don de vernos como otros nos ven!"

A menudo pensamos en la necesidad de vernos a nosotros mismos como nos ven los demás cuando actuamos de manera inapropiada, lo que sucede de vez en cuando. Sostengo, sin embargo, que es más importante para nosotros vernos a nosotros mismos como los demás nos ven en lo que concierne a nuestras fortalezas y propósito, y no solo en nuestro pecado y debilidad. ¿Puedes ver cómo este cambio de pensamiento puede desbloquear tu poder para ser y luego actuar de acuerdo con lo que Dios te hizo ser?

PODEROSO GUERRERO

Cuando el Señor se le apareció a Gedeón en Jueces 6, fíjate en cómo lo saludó: "Jehová está contigo, varón esforzado y valiente" (Jueces 6:12b). Lo interesante es que Gedeón no estaba actuando como un poderoso guerrero en ese momento; se encogía de miedo mientras trillaba trigo en un lugar oculto de sus enemigos. Gedeón continuó mostrando una falsa humildad y le dijo al Señor: "Entonces le respondió: Ah, señor mío,

¿con qué salvaré yo a Israel? He aquí que mi familia es pobre en Manasés, y yo el menor en la casa de mi padre" (Jueces 6:15). Algo me dice que has reaccionado igual que Gedeón; sé que yo también lo he hecho.

Dios tenía algo que hacer que solo Gedeón podía hacer y Dios lo vio; Gedeón no lo veía, ya sea porque no podía o porque se negó. En este punto, puedes decir: "Bueno, eso fue lo que Dios vio y Él lo sabe todo". Pero a menudo, cuando Dios lo ve (el "eso" es tu don, poder o potencial), otros también lo hacen. Más adelante en la historia, esto es lo que alguien dijo mientras interpretaba un sueño que otra persona había soñado:

> "Entonces Gedeón se acercó sigilosamente, justo cuando un hombre le contaba un sueño a su compañero. Tuve un sueño—decía el hombre—en el cual un pan de cebada venía rodando cuesta abajo hacia el campamento madianita; ¡entonces cuando golpeaba una carpa, la volteaba y la aplastaba! Su compañero le respondió: Tu sueño solo puede significar una cosa: *¡Dios le ha dado a Gedeón, hijo de Joás, el israelita, la victoria sobre Madián y todos sus aliados!*" (Jueces 7:13-14, énfasis añadido).

No fue solo Dios quien vio el poder y el potencial de Gedeón; otros también lo vieron.

OTROS LO VEN

Hay momentos en los que necesitas verte a ti mismo como lo hacen los demás cuando te estás portando mal. Sin embargo, es más importante que los demás te vean en el poder de tu propósito y que escuches lo que tienen que decir. Pablo escribió sobre este asunto cuando dijo: "Porque por la gracia que me ha sido dada, digo a cada uno de vosotros: No os consideréis más alto de lo que debéis estimar, sino más bien pensad de vosotros mismos con juicio sobrio, conforme a la fe que Dios ha distribuido a cada uno de vosotros" (Romanos 12:3). Advirtió a sus lectores que no piensen más de sí mismos de lo que es apropiado, pero sí dijo que deberían evaluarse a sí mismos con precisión.

¿Estás descartando tu poder porque te han enseñado que es lo espiritualmente correcto que debes hacer? ¿Te ha hecho ser pasivo en lugar de agresivo en la voluntad revelada de Dios para tu vida? Tal vez esta semana necesites escuchar palabras proféticas, o buscar un mentor de confianza, o escuchar el aliento que otros han estado o están tratando de darte. Cueste lo que cueste, te insto a que dejes de pensar que la falsa humildad es espiritual y te pongas a trabajar para evaluar con precisión la importancia y el poder que Dios, en Su voluntad soberana, ha elegido otorgarte para Su propósito y gloria.

Fortalezas Y Debilidades

Soy un defensor de funcionar en tus fortalezas con la mayor frecuencia posible en lugar de perder tiempo tratando de mejorar tus debilidades. No tiene sentido para mí que Dios te dé un regalo, que sería una especie de fortaleza, y luego no quiera que lo uses. Si tienes la fuerza o el don de cantar, por ejemplo, es posible que desees cantar un solo frente a tu congregación. Si no lo tienes, entonces no deberías cantar. Eso es bastante simple. Una vez estaba reflexionando sobre lo que Pablo dijo y tratando de resolverlo con respecto a este tema de fortalezas y debilidades:

> En tres ocasiones distintas, le supliqué al Señor que me la quitara. Cada vez él me dijo: "Mi gracia es todo lo que necesitas; mi poder actúa mejor en la debilidad". Así que ahora me alegra jactarme de mis debilidades, para que el poder de Cristo pueda actuar a través de mí. Es por esto que me deleito en mis debilidades, y en los insultos, en privaciones, persecuciones y dificultades que sufro por Cristo. Pues, cuando soy débil, entonces soy fuerte (2 Corintios 12:8-10).

Hasta que dirigí un seminario de propósito en mi iglesia local, no sabía cómo resolver esta aparente contradicción entre exaltar en la debilidad y funcionar en la fuerza. En el seminario, discutimos cómo el propósito es la respuesta a tu pregunta "¿qué?" : "¿Qué debo hacer con mi vida?" A menudo descarrilamos nuestra consideración del "qué" al pensar en la pregunta "cómo": "¿Cómo me mantendré a mí mismo y a mi familia haciendo esto? ¿Cómo saldrá todo? ¿Cómo puedo hacer esto a mi edad (joven o viejo)?" Es importante que liberemos el poder de nuestro pensamiento en lo que respecta a nuestras fortalezas, de lo contrario, siempre seremos ambivalentes o de doble ánimo sobre cómo y con qué frecuencia expresarlas.

Tenía las palabras *qué* y *cómo* en la pizarra cuando una de las jóvenes del seminario ofreció esta perspectiva: "Parece que el *qué* es tu fuerza, pero el *cómo* es tu debilidad. Debemos aceptar el *qué* , pero luego confiar en el Señor para el *cómo*". Y pensé: "¡Guau!"

Mire nuevamente lo que Pablo escribió arriba. Su debilidad era el *cómo* de su propósito para los gentiles. Experimentó persecución y dificultades mientras la gente lo insultaba, sin embargo, tenía claro lo *que* debía hacer. Era el *cómo,* ese era su reto. Se enfrentó a la oposición en todos los frentes, incluidas sus propias limitaciones físicas que minaron su energía. Siempre tenía claro el *qué*, era el *cómo* su debilidad. Y fue en su debilidad donde el Señor fue exaltado.

Pablo vio que estaba en su mejor posición para el éxito cuando estaba en su propósito mientras también enfrentaba sus limitaciones, confiando en que el Señor de alguna manera abriría un camino. Y Dios siempre abrió un camino, incluso cuando estaba en prisión o en un barco que se hundía. Cuando el barco se estaba hundiendo, Pablo estaba cumpliendo su propósito de llevar el evangelio a los gentiles al testificar a la tripulación gentil del barco.

Este tipo de pensamiento es vital en tu búsqueda de propósito, ya que si vas a enfrentar las dificultades de la vida, debes hacerlo desde una posición de fuerza de propósito. Cuando acudes ante el Señor en busca de ayuda para cumplir el propósito que Él te asignó, Él *debe* ayudarte si quiere resultados, lo cual por supuesto hace. Y desde tu posición de debilidad del *cómo* , Él te ayudará a cumplir tu *qué*.

Cacería Del Miedo Y Temor

Regularmente me reúno con la gente para hablar sobre el propósito y la creatividad. En la mayoría de los casos, si no en todos, encuentro que el miedo los está frenando de alguna manera. Es más, la mayoría no reconoce el miedo porque se disfraza muy bien. He descubierto que esto es cierto en mi propia vida, así que hablemos sobre el miedo y cómo bloquea el poder de tu pensamiento y cómo puedes encontrar la libertad.

¿DÓNDE ESTÁ?

Durante muchos años, he asumido que el miedo está en algún lugar acechando en mi mente, así que por lo tanto lo busco activamente, revolviendo las rocas, por así decirlo, en mi corazón y mente buscando a los escorpiones del miedo que viven debajo. Ya no estoy en negación, sino viviendo en la realidad que el miedo es mi compañero constante. Debo reconocerlo, sacarlo a la luz del día y enfrentarlo o, de lo contrario, el miedo seguirá robándome mis oportunidades. Así que voy a cazar el miedo, diciéndome: "¿Dónde estás miedo? ¿Sé que está aquí en alguna parte? ¡Ajá, ahí está!"

¿A qué le tengo miedo? A cualquier cosa. Tengo miedo de lo que piensen los demás. Tengo miedo de no tener suficiente tiempo para hacer algo. Tengo miedo de no tener tiempo para hacer algo bien. Tengo miedo de no escuchar al Señor por dedicarme a hacer algo, Tengo miedo de no seguir la voz de Dios al permanecer paralizado. Temo que no tendré los fondos para hacer algo que quiero hacer. Entiendes la idea. Puede que pienses que soy extraño o inusual, pero basándote en mi experiencia, tienes la misma lucha. Es más, es probable que estés en negaciones de que tienes temor.

LOS ORÍGENES DEL TEMOR

Recibimos nuestros temores de nuestros padres que se remontan a Adán y Eva. Cuando Adán y Eva pecaron, ¿qué hicieron? Se escondieron. ¿Y por qué se escondieron? Se escondieron porque tenían miedo:

> Y oyeron la voz de Jehová Dios que se paseaba en el huerto, al aire del día; y el hombre y su mujer se escondieron de la presencia de Jehová Dios entre los árboles del huerto. Mas Jehová Dios llamó al hombre, y le dijo: ¿Dónde estás tú? Y él respondió: *Oí tu voz en el huerto, y tuve miedo, porque estaba desnudo; y me escondí* (Génesis 3:8-10, énfasis agregado).

QUÉ HACER CON EL

Quiero que hagas esta semana lo que yo estoy haciendo: asumir que el miedo está presente en tu vida y ve a enfrentarlo. Está hábilmente disfrazado de racional o espiritual, y puede ser y de hecho es un caso convincente de que en realidad no es miedo. ¡No te lo creas! Enfréntalo por lo que es, porque hasta que no conozcas y aceptes la verdad, la verdad no podrá liberarte. Saber que es miedo es el primer paso para el coraje y te liberará para tener grandes pensamientos y establecer metas audaces.

Una vez que encuentres el miedo, considera lo que te ha costado y luego toma medidas para contrarrestar los efectos del miedo. Si eres como yo, te gustarán tanto los resultados de buscar el miedo que ya no esperarás a que te golpee en el costado de la cabeza o te robe tu alegría antes de lidiar con él. En cambio, irás a buscarlo, sabiendo que es el gran enemigo del propósito y la creatividad que te ha costado mucho en términos de productividad y vida con propósito.

Comida De Propósito

Cuando me reúno con personas para algún propósito de coaching, a menudo les pregunto: "¿Qué puedes hacer que te haga perder la noción del tiempo y tal vez incluso perderte una comida?" Piensan y, por lo general, pueden idear algún escenario: estar en la iglesia, ir a un evento deportivo, leer un libro. Eso luego lleva a una discusión sobre cómo esa actividad puede estar relacionada con su propósito. Tu propósito a menudo puede ser tan natural para ti que lo das por sentado, pensando que no es nada especial. Si vas a desbloquear el poder de tu pensamiento, debes comenzar a ver lo que haces fabulosamente de manera natural como algo más que solo algo que aprendiste a hacer a lo largo de la vida. Es tu propósito.

Comencé a hacer esa pregunta en mis sesiones debido a algo que vi en el evangelio de Juan sobre Jesús y la mujer en el pozo, que discutimos en un capítulo anterior. Vale la pena examinarlo una vez más.

ALMUERZO

En el relato de Juan, Jesús y los discípulos estaban cansados y hambrientos por el viaje, así que los discípulos fueron a la ciudad a comprar el almuerzo mientras Jesús descansaba en el pozo de Jacob en Samaria. Esta no era una parada de descanso habitual para los judíos, ya que no les gustaba mezclarse con los samaritanos. Mientras Jesús descansaba, una mujer se acercó a sacar agua. Este no era un momento habitual para buscar agua, porque ya hacía calor y la mayoría de las mujeres se habrían ocupado de esa tarea temprano en la mañana. Tal vez Jesús sospechaba porqué esta mujer llegaba tan tarde, por lo que entabló conversación con ella.

Durante su charla, la mujer trató de debatir con Jesús sobre la religión, pero Él la presionó para que le diera información sobre su vida personal y finalmente se le reveló como el Mesías al que había estado aludiendo en sus comentarios. En ese momento, ella corrió a contarles a sus vecinos que había conocido a un hombre (dudo que alguien se sorprendiera de eso, porque ella había "conocido" a muchos hombres en su vida), justo cuando los discípulos regresaron con comida. Se sorprendieron al descubrir que Jesús ya no tenía hambre y lo instaron a comer:

> Entre tanto, los discípulos le rogaban, diciendo: Rabí, come. Él les dijo: Yo tengo una comida que comer, que vosotros no sabéis. Entonces los discípulos decían unos a otros: ¿Le habrá traído alguien de comer? Jesús les dijo: Mi comida es que haga la voluntad del que me envió, y que acabe su obra (Juan 4:31-34).

HAMBRE DE PROPÓSITO

Jesús ya no tenía hambre porque estaba eufórico por su encuentro con la mujer. Él había cumplido Su propósito cuando habló con ella, que era "buscar y salvar a los perdidos" (véase Lucas 19:10) y ese cumplimiento había satisfecho Su hambre. Si Jesús tenía un propósito para la comida, tú también lo tienes. ¿Qué actividad haces que te quita el hambre o te hace olvidar comer? ¿Es pintar un lienzo o una habitación? ¿Aconsejar a un amigo? ¿Viajar en avión? Las respuestas a esas preguntas son pistas importantes en tu búsqueda para encontrar tu propósito. Incluso buscar las respuestas puede hacer que olvides comer y eso en sí mismo es significativo.

Todo este escenario me hace pensar en Deuteronomio 8:3, que Jesús mismo le citó al diablo en Mateo 4: "Y te afligió, y te hizo tener hambre, y te sustentó con maná, comida que no conocías tú, ni tus padres la habían conocido, para hacerte saber que no solo de pan vivirá el hombre, mas de todo lo que sale de la boca de Jehová vivirá el hombre". Esta semana, dedica algún tiempo a hacer y responder esa pregunta sobre lo que a veces es mas importante para ti que comer y estoy seguro de que no solo tendrás alimento para pensar que desbloqueará tu pensamiento, sino que, en última instancia, tendrás un propósito.

Semana

#45

Oración De Propósito

En 1981, encontré mi propósito mientras me recuperaba de un negocio mal concebido y fallido que hice en compañía de otros hombres. Una mañana, mientras le rogaba a Dios que de alguna manera salvara el negocio, le pregunté: "Si no me creaste para comenzar este negocio, ¿para qué me creaste?" Eso sí, no estaba buscando información, estaba descargando mi frustración con Dios, tratando desesperadamente de evitar la vergüenza, el fracaso y la pérdida financiera.

Para mi sorpresa, hice un descubrimiento esa mañana: ¡encontré mi propósito! Dios respondió a mi pregunta y, aunque no me di cuenta del verdadero valor de lo que había encontrado en ese momento, había tropezado con mi propósito que continuaría dando forma a mi vida y a la vida de muchos otros. Ese pensamiento desbloqueó toda una serie de pensamientos que han dirigido mi vida y mi desarrollo desde entonces. En 1991, comencé a enseñar y escribir sobre el propósito, y el resto es historia, como dicen. Pero no todo es historia, lo mejor está por venir, ya que hoy hay más interés en el propósito que en cualquier otro momento desde 1991. En 1995, escribí mi primer libro sobre el propósito. En 2001, fundé mi empresa PurposeQuest. Un pensamiento con propósito fue la clave para desbloquear muchos más pensamientos de propósito. Así que hablemos de ello un poco más en este capítulo, ¿de acuerdo?

LA RAZÓN PRINCIPAL

La razón principal por la que no conoces tu propósito es que no has preguntado y *has seguido* preguntando hasta que encuentres o entiendas la respuesta. El propósito requiere una forma diferente de pensar, porque has sido condicionado a pensar o preguntar sobre tu carrera. Sin embargo, el propósito es la esencia de lo que eres. No se trata de dinero, beneficios o promociones. Es la canción que Dios puso en tu corazón para cantar de una manera que solo tú puedes hacer. Esa es la razón por la que es tan importante pedir y seguir buscando a Dios para tu propósito, para que puedas obtener nuevos pensamientos para desbloquear el poder de tu propósito.

Cuando pienso en buscar al Señor, siempre me atrae el llamado a la oración que se encuentra en Proverbios 2:3-5: "Si *clamares* a la inteligencia, y a la prudencia *dieres tu voz*; Si como a la plata la *buscares*, y la *escudriñares* como a tesoros, Entonces entenderás el temor de Jehová, y hallarás el conocimiento de Dios" (énfasis añadido). Nótese la naturaleza activa, casi agresiva de buscar la oración que sugiere Proverbios. Debes *clamar, dar tu voz, buscar* y escudriñar, y entonces y solo entonces encontrarás lo que estás buscando.

ORACIÓN DE PROPÓSITO

Si te garantizo que hay un tesoro enterrado en tu patio trasero y cavas un hoyo y no lo encuentras, ¿te rendirías? Probablemente no. Volverías a cavar y cavarías más profundo hasta que encuentres la recompensa prometida. Así es con propósito. Lo tienes, pero a menudo está enterrado y escondido, por lo que debes buscar a través del pensamiento equivocado en tu mente para encontrar el tesoro escondido, sin rendirte hasta que lo tengas. ¿Por qué puede ser un proceso tan difícil? No estoy seguro de todas las razones, pero sí sé que cuanto más esfuerzo pongas en encontrarlo, más valioso y precioso será una vez que lo hagas.

¿Estás listo para orar y buscar, de manera que puedas encontrar tu propósito, entonces poder entenderlo y cumplirlo? ¿Estás listo para enfrentar y cambiar los pensamientos sobre ti mismo y tu futuro que te llevarán a nuevos y emocionantes descubrimientos? Confío en que estés listo y dispuesto a luchar por ello, y no te detendrás hasta que hayas alcanzado tu objetivo. No puedes ser pasivo si vas a hacer oraciones efectivas de propósito, así que te animo a que aumentes tu intensidad y observes y veas lo que Dios hace. Fue efectivo para mí y estoy seguro de que también lo será para ti.

Pensamientos De Propósito

En los últimos dos capítulos, hemos visto el alimento de propósito y la oración de propósito. Parece apropiado que escriba un capítulo más para completar esta trinidad de ideas de propósito, por lo que los "pensamientos de propósito" parecen tan buenos como cualquier otro, especialmente porque nuestro tema es cómo desbloquear el poder de tus pensamientos. Permíteme compartir contigo algunos pensamientos de propósito en orden aleatorio de importancia que tienen el potencial de echar raíces en tu mente y dar abundantes frutos.

LOS PENSAMIENTOS

1. El propósito es más relevante que cuando comencé a enseñarlo hace 30 años. ¿Por qué? Porque hay más oportunidades disponibles hoy que entonces. Cuando hay tantas cosas que puedes hacer, debes preguntarte más que nunca qué es lo que debes hacer.

2. La razón número uno por la que más personas no conocen su propósito es porque no preguntan y no siguen preguntando hasta obtener una respuesta.

3. La segunda razón por la que más personas no conocen su propósito es porque intentan averiguar demasiado rápido *cómo* pueden ganar dinero o hacer una carrera con ello. Los pensamientos sobre la trayectoria profesional, el salario y los beneficios obstaculizan o frustran los pensamientos de propósito emergentes.

4. La razón número tres por la que más personas no conocen su propósito es porque tienen miedo, no al fracaso, sino al éxito. Medita en eso por un momento.

5. La generación más joven no está tan interesada en el propósito como yo hubiera pensado. Están interesados en el servicio y el significado, que emanan del propósito. Debido a que han visto el propósito secuestrado por el salario y los intereses profesionales, reaccionan al concepto de propósito por las razones equivocadas.

6. Las mujeres siguen siendo las principales consumidoras de mi mensaje de propósito, probablemente porque el propósito les ha sido negado durante mucho tiempo.

7. Sostengo que la maternidad es un *rol* y no un *propósito*. Rara vez se define el propósito de alguien en términos de servir o ayudar exclusivamente a otra persona, a menos que esa persona tenga necesidades especiales debido a un desafío físico o mental.

8. Nunca es demasiado temprano o demasiado tarde en la vida para perseguir tu propósito.

9. Cuando llegué a los cincuenta, pensé que mi desarrollo estaba prácticamente terminado y que haría lo que había estado haciendo, con suerte un poco mejor o por más dinero. Para mi sorpresa, esa década de mi vida tuvo mis años de mayor crecimiento.

10. Recibo más preguntas y, a veces, oposición cuando enseño sobre hacer lo que amas y lo que te da alegría que cualquier otra cosa que enseño. Eso siempre me sorprende.

11. Cuando comencé a enseñar propósito, pensé

que todas las iglesias en el mundo (bueno, al menos en los EE. UU.) querrían que su gente escuchara el mensaje. No lo han hecho y los pastores continúan malinterpretándolo e incluso oponiéndose a ello.

12. Si pudiera ayudar a las iglesias a conseguir más voluntarios para ser ujieres, trabajar en la guardería o cantar en el coro, sería un hombre ocupado y probablemente rico.

Si alguno de los puntos anteriores te ha llamado la atención, te animo a que lo pienses. Una forma de desbloquear el poder de tu pensamiento es introducir nuevos pensamientos y reflexionar sobre ellos, tal vez incluso registrando tus reflexiones en tu diario. Por ejemplo, si el número nueve anterior te intriga, entonces examina tus pensamientos sobre el envejecimiento y observa dónde tus suposiciones están limitando tu potencial a medida que te acercas a esa edad. Luego, piensa en nuevos pensamientos que desbloqueen tu pensamiento y que pueden hacer que estudies nuevamente, cambies de carrera o retomes un pasatiempo antiguo o nuevo, todo porque abriste tu potencial al desbloquear tu pensamiento.

Viviendo En Tu Sueño

Echemos un vistazo a José en Génesis y veamos qué podemos aprender de él acerca de cómo desbloquear nuestro poder de pensamiento. José fue un hombre de propósito que salvó al mundo al mismo tiempo que salvó a su familia de la hambruna. Si tienes tiempo, lee la historia completa de José de Génesis 37-50, pero si no quieres tomarte el tiempo, déjame resumirlo para ti.

EL PROCESO

Cuando José tenía 17 años, tuvo dos sueños, los cuales su familia interpretó que significaban que un día todos se inclinarían ante José como el líder de la familia. Esto le valió una reprimenda de su padre, pero un odio activo de sus hermanos, quienes finalmente lo vendieron como esclavo. José fue llevado a Egipto, donde se convirtió en siervo de un hombre llamado Potifar. José prosperó mientras servía a Potifar, pero la Sra. Potifar tenía ideas románticas sobre los dos y trató de convencerlo para que se acostara con ella. Cuando José se negó, ella mintió y lo acusó de violación.

El Sr. Potifar se enfureció y envió a José a prisión, donde José volvió a sobresalir en servicio y liderazgo. Después de interpretar correctamente los sueños de dos compañeros de prisión que eran sirvientes del faraón, José finalmente fue llevado ante el faraón para interpretar los sueños del faraón. Los sueños indicaban que el mundo sufriría una hambruna y José vio en los sueños un plan por el cual el mundo podría tener alimento durante los siete años de escasez.

Para cuando todo esto sucedió, José tenía 30 años de edad (véase Génesis 41:46) y había estado en Egipto durante 13 años. Después de todo ese tiempo, fue ascendido a segundo al mando bajo el faraón y supervisó los siete años de abundancia en los que se almacenó grano para la hambruna. Ahí es cuando la historia se vuelve aún más interesante.

VIVIENDO EL SUEÑO

El padre de José, Jacob, pensó que José había muerto, mientras que sus hermanos, que sabían la verdad, simplemente se alegraron de que se hubiera ido. Con el tiempo, sin embargo, la familia de José se vio afectada por la hambruna mundial, por lo que bajaron a Egipto a comprar alimentos. José los vio y los reconoció, pero ellos no lo reconocieron porque pensaron que estaba muerto, porque habían creído la mentira que habían dicho. ¿Has creído algo falso durante tanto tiempo que ahora crees que es verdad? Esa es un área de su pensamiento que ciertamente necesita ser desbloqueada.

Génesis hace una declaración sorprendente acerca de José: "Entonces él [José] se acordó de sus sueños acerca de ellos [sus hermanos]" (Génesis 42:9). Como los hermanos llegaron en el segundo año de la hambruna, José tenía 39 años cuando los reconoció y también recordó el sueño. Si no recuerdas tus sueños de la noche anterior, ¿cómo recordó José sus sueños durante veintidós años?

Los recordaba porque "vivía" en ellos. Vivió en ellos en su mente durante el largo viaje después de ser vendido como esclavo. Vivió en ellas durante los primeros años sirviendo a Potifar y en los últimos años en prisión. Los recordó durante los primeros años del favor del faraón, cuando se casó con una mujer extranjera y formó una familia. Por lo tanto, cuando los hermanos llegaron después de veintidós años de creer una mentira mientras José vivía en su mundo de sueños, José vio que su sueño se convertía en realidad.

Las implicaciones para ti son claras. Si tu "sueño" se demora, vive en él y puedes hacerlo pensando en el. Visualiza el sueño y visualízate a ti mismo en medio de su cumplimiento. Aférrate a ese sueño sin importar lo que pase y sin importar cuán lejos de su realidad estés. Liberarás el poder de tu pensamiento cuando seas selectivo en cuanto a lo que piensas y elijas enfocarte en lo que Pablo escribió a los Filipenses:

> No se preocupen por nada; en cambio, oren por todo. Díganle a Dios lo que necesitan y denle gracias por todo lo que él ha hecho. Así experimentarán la paz de Dios, que supera todo lo que podemos entender. La paz de Dios cuidará su corazón y su mente mientras vivan en Cristo Jesús. Y ahora, amados hermanos, una cosa más para terminar. Concéntrense en todo lo que es verdadero, todo lo honorable, todo lo justo, todo lo puro, todo lo bello y todo lo admirable. Piensen en cosas excelentes y dignas de alabanza. No dejen de poner en práctica todo lo que aprendieron y recibieron de mí, todo lo que oyeron de mis labios y vieron que hice. Entonces el Dios de paz estará con ustedes (Filipenses 4:6-9).

Cuando los hermanos de José vinieron a mendigar pan, José estaba listo para asumir su lugar en la versión de la vida real de sus sueños y se hicieron realidad. Sus hermanos y su familia se inclinaron y lo reconocieron como su líder. Tus sueños también se harán realidad, pero solo si piensas en ellos hoy para que puedas vivir en ellos mañana.

Puntos De Partida

Escuché a alguien decir que las personas son seres racionales que hacen cosas irracionales. Después de casi 50 años como pastor y observando todo tipo de comportamientos extraños, me inclino a estar de acuerdo con esa afirmación. He reflexionado sobre ello a menudo y me gustaría compartir algunas conclusiones contigo, ya que son pertinentes para nuestra discusión sobre nuestro pensamiento y su poder.

IRRACIONALIDAD

El comportamiento irracional tiene su origen en nuestra mente con la forma en que pensamos. En Marcos 3:1-5, leemos

Otra vez entró Jesús en la sinagoga; y había allí un hombre que tenía seca una mano. Y le acechaban para ver si en el día de reposo le sanaría, a fin de poder acusarle. Entonces dijo al hombre que tenía la mano seca: Levántate y ponte en medio. Y les dijo: ¿Es lícito en los días de reposo hacer bien, o hacer mal; salvar la vida, o quitarla? Pero ellos callaban. Entonces, mirándolos alrededor con enojo, entristecido por la dureza de sus corazones, dijo al hombre: Extiende tu mano. Y él la extendió, y la mano le fue restaurada sana.

¿Cuántas veces has dicho: "Señor, si tuviera una señal para confirmar tu voluntad, lo haría"? En esta historia, los fariseos presenciaron una señal magnífica y sorprendente: la mano seca de un hombre no se marchitó ante sus propios ojos. ¿Cuál fue su respuesta? Leemos en Marcos 3:6: "Y salidos los fariseos, tomaron consejo con los herodianos contra él para destruirle.".

Vieron a Jesús realizar un milagro y su respuesta fue que tenía que morir. Eso es irracional y su problema fue a lo que me voy a referir como su punto de partida. Su punto de partida fue su suposición de pensamiento incorrecto de que sabían todo lo que había que saber acerca del Sabbath. Además, pensaban que era su trabajo proteger el día de reposo en nombre de Dios de los infractores. Cuando vieron el milagro, lo evaluaron basándose en un punto de partida irracional o incorrecto. A partir de entonces, actuaron de manera racional, porque si estaban en lo cierto (que por supuesto no lo eran), entonces lo racional era castigar a Jesús por su ofensa.

EJEMPLOS DE PUNTOS DE PARTIDA

Mi concepto es que tienes puntos de partida y ellos impactan cómo llevas a cabo racionalmente tu vida y ministerio. Estos son algunos ejemplos:

- *Punto de partida:* no tengo tiempo para escribir un libro". *Resultado:* Ni siquiera lo intentas. *Verdad:* Tienes todo el tiempo del mundo (24 horas todos los días) pero probablemente estés usando la falta de tiempo como una fachada para tu miedo.

- *Punto de partida:* "No tengo dinero para dar". *Resultado:* No das, Dios no te bendice, así que tienes aún menos para dar. *Verdad:* Incluso unos insignificantes "denarios de una viuda" pueden tener un efecto en Dios y en la situación a la que estás dando.

¿Dónde estás aplicando racionalmente en un patrón que comenzó con un punto de partida irracional? La única manera de averiguarlo es desafiar continuamente tu pensamiento en lo que respecta a los puntos de partida. ¿No tienes tiempo para escribir un libro? ¿Cómo es que he escrito tantos como lo he hecho? (El pensamiento racional dice: "Duerme un poco", pero eso es en realidad irracional porque todo lo puedo en Cristo que me fortalece).

¿No tienes dinero para dar? ¿Cómo es que tienes $200 para el servicio de televisión por cable? Debido a que nunca has desafiado tu "necesidad" de tanta televisión, no ves cómo puedes obedecer el mandato de Dios de ser generoso. Tienes razón (racionalmente) en que no tienes dinero para dar, porque lo estás desperdiciando en algo para satisfacer tus propios deseos. Esta semana, desafía algunos de tus puntos de partida para ver si están pasando por racionales cuando en realidad no lo son. Si no lo son, entonces si cambias tu "punto de partida", desbloquearás el poder de tu pensamiento para tener nuevos pensamientos y llegar a puntos de partida más racionales. Entonces esos nuevos pensamientos te llevarán a nuevos comportamientos, por lo que serás un ser racional haciendo cosas racionales.

Corre Como Un Ciervo

Una vez serví como mentor de alguien en su programa de doctorado, y teníamos reuniones semanales. Discutimos una variedad de temas cuando durante una sesión el estudiante me hizo una pregunta que se relacionaba con la frase que se encuentra en Habacuc 3:19: "Jehová el Señor es mi fortaleza, El cual hace mis pies como de ciervas, y en mis alturas me hace andar.". Regresé a casa y acudí a Habacuc para investigar el contexto del versículo. Descubrí que el profeta estaba esperando que los enemigos de Judá invadieran, como Dios había prometido que sucedería como consecuencia de la rebeldía de Judá. Este es el contexto completo:

> Oí, y se conmovieron mis entrañas; A la voz temblaron mis labios; Pudrición entró en mis huesos, y dentro de mí me estremecí; Si bien estaré quieto en el día de la angustia, Cuando suba al pueblo el que lo invadirá con sus tropas. Aunque la higuera no florezca, Ni en las vides haya frutos, Aunque falte el producto del olivo, Y los labrados no den mantenimiento, Y las ovejas sean quitadas de la majada, Y no haya vacas en los corrales; Con todo, yo me alegraré en Jehová, Y me gozaré en el Dios de mi salvación. Jehová el Señor es mi fortaleza, El cual hace mis pies como de ciervas, Y en mis alturas me hace andar (Habacuc 3:16-19).

Habacuc estaba físicamente débil por la idea de la inminente invasión, al igual que ciertos pensamientos pueden debilitarte. Es más, el profeta sabía lo que sucedería cuando llegara la invasión: la comida escasearía, habría sufrimiento y, finalmente, los invasores saldrían victoriosos. Sin embargo, a pesar de las circunstancias, Habacuc, al igual que Nehemías después de él, proclamaría que el Señor era su fuerza. Debido a esa realidad y a su decisión de concentrarse en ese pensamiento y no en la condenación inminente, Habacuc comparó su condición en el Señor con la de un ciervo.

DATOS SOBRE LOS CIERVOS

¿Qué sabemos de un ciervo? Son rápidos y pueden saltar alto en el aire con movimientos gráciles, elegantes y sin esfuerzo. Esas características están en los ciervos porque eso es para lo que Dios los creó. Esa imagen de un ciervo saltando por un campo o en el bosque debe quedar grabada en tu mente como una imagen de cómo debemos ser cuando elegimos poner nuestra fe en Dios. Anteriormente en su libro, Habacuc había incluido una frase que llegó a ser fundamental en la enseñanza del Nuevo Testamento: "He aquí que aquel cuya alma no es recta, se enorgullece; mas el justo por su fe vivirá" (Habacuc 2:4).

Dios te ha creado para hacer grandes cosas que no dependen de las circunstancias en las que te encuentres. Dios te da el poder de correr y pisar las alturas si vives por fe. ¿Eso describe tu vida? ¿Estás corriendo? ¿Estás saltando? ¿Es el Señor Soberano tu fuerza que te da el poder para hacer más de lo que pensabas que podías hacer y soportar más dificultades de las que imaginabas? ¿Puedes prosperar y ser productivo, incluso en tiempos de escasez y hambruna?

Reflexiona sobre este pasaje o tal vez sobre todo el libro de Habacuc en la próxima semana porque veremos el concepto de ciervo en los próximos dos capítulos. El Señor mandó al profeta que escribiera lo que el Señor le iba a mostrar, y ese es un buen consejo para ti también:

> Y Jehová me respondió, y dijo: Escribe la visión, y
> declárala en tablas, para que corra el que leyere en
> ella. Aunque la visión tardará aún por un tiempo,
> mas se apresura hacia el fin, y no mentirá; aunque

tardare, espéralo, porque sin duda vendrá, no tarda-
rá" (Habacuc 2:2-3).

Ten tu diario listo para registrar la visión que Dios te
dará con respecto a tu vida y propósito, y luego comienza a
construir un mundo de pensamientos en torno a lo que Él dice.
Tus pensamientos activarán entonces tus cualidades de ciervo, y
estarás listo para saltar a nuevos aspectos de una vida con propósito y llena de objetivos. Esos te llevarán a resultados finales
maravillosos que glorificarán a Dios y te inspirarán a escalar a
alturas aún mayores de fe y propósito.

Bebe Como Un Ciervo

Habacuc 3:19 dice: "Jehová el Señor es mi fortaleza, El cual hace mis pies como de ciervas, y en mis alturas me hace andar.". Esas palabras fueron escritas por primera vez por David y también se pueden encontrar en 2 Samuel 22:34 y Salmo 18:33. Obviamente, Habacuc había recurrido a los salmos en su angustia e incorporó palabras que fueron particularmente significativas para él en su tiempo de angustia. ¿Qué versículos son especiales para ti en tus propios momentos de angustia? Los salmos incluyen un pasaje más que menciona a los ciervos, que se encuentra en el Salmo 42:

> Como el ciervo brama por las corrientes de las aguas, Así clama por ti, oh Dios, el alma mía. Mi alma tiene sed de Dios, del Dios vivo; ¿Cuándo vendré, y me presentaré delante de Dios? Fueron mis lágrimas mi pan de día y de noche, Mientras me dicen todos los días: ¿Dónde está tu Dios?" (Salmos 42:1-3).

TIEMPOS DE ANGUSTIA

Todas las referencias a los ciervos hablan de la capacidad de Dios para sostenerte en tiempos de problemas. De hecho, Dios no solo te ayudará a mantenerte o sobrevivir en tiempos difíciles, sino que hará que prosperes y te mantengas fuerte. Esa es una de las razones por las que vienen los tiempos difíciles: para demostrar que la obra que Dios ha hecho en tu vida es real y se mantendrá no solo durante los problemas, sino por toda la eternidad. Santiago también escribió más tarde acerca de la obra de Dios en tu vida durante las dificultades:

Amados hermanos, cuando tengan que enfrentar

cualquier tipo de problemas, considérenlo como un tiempo para alegrarse mucho porque ustedes saben que, siempre que se pone a prueba la fe, la constancia tiene una oportunidad para desarrollarse. Así que dejen que crezca, pues una vez que su constancia se haya desarrollado plenamente, serán perfectos y completos, y no les faltará nada (Santiago 1:2-4).

La palabra "considerar" es una palabra de pensamiento. Santiago les estaba diciendo a sus lectores cómo pensar en sus pruebas y tribulaciones. Hay una palabra para describir ese proceso y se llama "encuadre". El encuadre se define de la siguiente manera: "el proceso de definir el contexto o los problemas que rodean a un problema o evento de una manera que sirve para influir en la forma en que se ven y evalúan el contexto o los problemas". Santiago nos decía: "La forma en que interpretes o enmarques tus pruebas determinará cómo respondas a ellas. Si los ves como alegría, entonces los abrazarás. Si piensas en ellos como una intrusión, te opondrás a ellos y lucharás contra ellos".

En el Salmo 42, el salmista usó una imagen vívida para indicar nuestra necesidad de Dios en nuestros problemas. Debemos ser como un ciervo sediento que necesita encontrar corrientes de agua para sobrevivir. No buscó limonada ni ninguna otra bebida, porque sólo el agua tiene lo que el ciervo necesita. Lo mismo es cierto para nosotros. En tiempos de problemas, no necesitas unas vacaciones ni alguna distracción de entretenimiento. No es necesario que leas un libro de autoayuda. Necesitas al Señor. Si planteas tu problema incorrectamente, entonces pensarás que unas vacaciones es lo que necesitas. Jesús dijo que Él era como el agua y que todos los sedientos debían venir a Él y beber (ver Juan 7:37-38).

LA MUJER EN EL POZO

La mujer del pozo había descubierto esa verdad en el evangelio de Juan cuando se acercó al pozo en busca de agua, pero en cambio escuchó a Jesús decir: "Respondió Jesús y le dijo: Cualquiera que bebiere de esta agua, volverá a tener sed;

14 mas el que bebiere del agua que yo le daré, no tendrá sed jamás; sino que el agua que yo le daré será en él una fuente de agua que salte para vida eterna" (Juan 4:13-14). Ella había enmarcado su problema como sed natural, pero Jesús vio el verdadero problema como sed espiritual. Cuando lo vio bien, actuó de manera apropiada.

Si estás enfrentando tiempos difíciles, ¿piensas que Dios es tu fuente de sustento y refrigerio? ¿Te mantienes firme y bebes profundamente de Su palabra y Su presencia? Santiago te instó no solo a soportar las pruebas, sino a considerarlas o pensar en ellas como una experiencia gozosa porque el resultado final será un fortalecimiento de tu compromiso de seguir al Señor. Durante esas pruebas, Dios obrará cosas en ti (y fuera de ti) que son para tu bien final.

Ruego que pienses en ti mismo como un ciervo durante esta etapa de tu vida, manteniéndote firme en Él y bebiendo profundamente del aliento que Él te dará en abundancia. Sin embargo, solo podrá animarte si enmarcas tu situación actual con los pensamientos correctos. Entonces, cuando lo busques, encontrarás que Él es la fuente de alivio y fortaleza en tu angustia, en lugar de alguna otra distracción.

Lucha Como Un Ciervo

En los dos últimos capítulos, hemos visto varias referencias a los ciervos en el Antiguo Testamento y sus características que deben formar parte del repertorio de pensamientos de fe de un creyente. La primera referencia fue sobre la velocidad y la agilidad a medida que llevas a cabo el propósito asignado por Dios. La segunda se refería a la sed del Señor como un ciervo tendría sed de agua, requiriendo una bebida regular para reponer los suministros debido a un estilo de vida activo. En este capítulo, veamos una tercera referencia que se encuentra tanto en 2 Samuel 22 como en el Salmo 18, y esa referencia es al ciervo como luchador. ¿No sabías que los ciervos pelean? Bueno, entonces considerate a punto de ser educado sobre el tema.

ENTRENADO PARA LA BATALLA

El Salmo 18 se encuentra por primera vez en su totalidad en 2 Samuel 22, donde se incluye esta introducción: "David entonó este cántico al Señor el día que el Señor lo rescató de todos sus enemigos y de Saúl" (2 Samuel 22:1, NTV). El mismo encabezamiento se encuentra en el encabezamiento del Salmo 18. El contexto de la referencia al ciervo en este salmo se encuentra en los versículos 32 al 37:

> Pues, ¿quién es Dios aparte del Señor? ¿Quién más que nuestro Dios es una roca sólida? Dios es mi fortaleza firme, y hace perfecto mi camino. Me hace andar tan seguro como un ciervo para que pueda pararme en las alturas de las montañas. Entrena mis manos para la batalla; fortalece mi brazo para tensar un arco de bronce. Me has dado tu escudo de victoria; tu ayuda me ha engrandecido. Has trazado

un camino ancho para mis pies a fin de evitar que resbalen.

Exageré un poco en mi párrafo inicial porque los ciervos no son conocidos por sus peleas. David usó el símil de un ciervo para describir sus caminos seguros en la batalla, una situación en la que no quieres tropezar y caer para que tu enemigo pueda aprovecharse de tu posición vulnerable. Al igual que David, Dios quiere que luchemos, pero nuestra batalla se lleva a cabo ante todo en nuestras mentes. Pablo escribió:

> Pues aunque andamos en la carne, no militamos según la carne; porque las armas de nuestra milicia no son carnales, sino poderosas en Dios para la destrucción de fortalezas, derribando argumentos y toda altivez que se levanta contra el conocimiento de Dios, y llevando cautivo todo pensamiento a la obediencia a Cristo (2 Corintios 10:3-5).

UNA GUERRA MENTAL

Cuando tienes un pensamiento, puedes meditar en él hasta que se incruste tanto que sea una forma de vida para ti, algo de lo que no te desviarás ni escucharás algo que parezca contradecirlo. Hemos examinado esa realidad a lo largo de este libro y también hemos abordado cómo evitarla o escapar de ella. Por ejemplo, consideremos un dicho común que no es del todo cierto, pero suena cierto: "Ayúdate que yo te ayudaré, dice Dios". Cuando piensas y lo crees, puede convertirse en una fortaleza tal que te niegas a permitir que Dios haga algo por ti, eligiendo en cambio hacerlo por ti mismo. Lo mismo puede ser cierto para una doctrina falsa como el Islam o la Cienciología. Una vez que esa doctrina se apodera de la mente, puede convertirse en una fortaleza y debe ser removida por la fuerza.

Tienes algunos pensamientos que te están frenando en la búsqueda de tu propósito. Es posible que tengas una fortaleza en la que tienes problemas cuando estas de viaje y, como resultado, no viajes en lo absoluto. Es posible que tengas una fortaleza que eres demasiado viejo para aprender o demasiado joven para ser usado por Dios, y como resultado no lees ni tratas de cumplir tu propósito. El punto de todo esto es que debes ser tan activo y enérgico como un ciervo en la lucha contra los pensamientos que te están reteniendo, reemplazándolos con pensamientos que servirán al propósito de Dios en tu vida.

Al terminar, espero que estés convencido de que tu mente es el principal campo de batalla que te dará poder o te impedirá servir eficazmente al Señor. Es hora de que dejes de aceptar tu forma de pensar como de costumbre y desafíes tus pensamientos para ver si son conducentes a la acción y al mismo tiempo consistentes con las normas de Dios. Si no lo son, entonces Dios espera que luches con la fuerza, la gracia y la velocidad de un ciervo y Él te dará poder y te sostendrá para hacerlo, a menos que tus pensamientos resistan el proceso. Con Su ayuda, serás capaz de lograr las grandes cosas que Él tiene en mente para ti y que tu propia mente puede aceptar y mejorar, u oponerse.

Tus Suposiciones

Para terminar, examinemos una última historia del Antiguo Testamento acerca de un hombre llamado Naamán que fue atacado por una temida enfermedad antigua: la lepra. Leemos,

> Naamán, general del ejército del rey de Siria, era varón grande delante de su señor, y lo tenía en alta estima, porque por medio de él había dado Jehová salvación a Siria. Era este hombre valeroso en extremo, pero leproso (2 Reyes 5:1).

La Providencia quiso que hubiera alguien en la casa de Naamán que tenía la respuesta a su dilema:

> Y de Siria habían salido bandas armadas, y habían llevado cautiva de la tierra de Israel a una muchacha, la cual servía a la mujer de Naamán. Esta dijo a su señora: Si rogase mi señor al profeta que está en Samaria, él lo sanaría de su lepra (2 Reyes 5:2-3).

Como aprenderemos, Naamán hizo algunas suposiciones específicas sobre cómo ocurriría su curación y eso casi le costó disfrutar de la solución a su problema porque su pensamiento estaba equivocado.

"PENSÉ"

Cuando Naamán llegó a Israel, fue directamente a la casa del profeta:

> Y vino Naamán con sus caballos y con su carro, y se paró a las puertas de la casa de Eliseo. Entonces Eliseo le envió un mensajero, diciendo: Ve y lávate siete veces en el Jordán, y tu carne se te restaurará, y serás limpio (2 Reyes 5:9-10).

Estas instrucciones no eran lo que Naamán tenía en mente, porque estaba acostumbrado a las batallas, a la emoción, al honor y al prestigio. En este caso, el profeta ni siquiera sintió la necesidad de reunirse con él, por lo que Naamán se sintió ofendido e insultado:

> Naamán se enojó mucho y se fue muy ofendido. "¡*Yo creí* que el profeta iba a salir a recibirme!— dijo—. Esperaba que él moviera su mano sobre la lepra e invocara el nombre del Señor su Dios ¡y me sanara! ¿Acaso los ríos de Damasco—el Abaná y el Farfar—no son mejores que cualquier río de Israel? ¿Por qué no puedo lavarme en uno de ellos y sanarme?". Así que Naamán dio media vuelta y salió enfurecido (2 Reyes 5:11-12, énfasis añadido).

Naamán "pensó" que su curación *tenía* que suceder de la manera que había anticipado. ¿Alguna vez te has enfurecido porque tus expectativas no se cumplieron porque tus suposiciones estaban equivocadas?

EL PENSAMIENTO CORRECTO CONDUCE A LA ACCIÓN CORRECTA

Afortunadamente para Naamán, él tenía otros siervos en su séquito que tenían más sabiduría y mejor pensamiento sobre el asunto que él:

> Los siervos de Naamán se acercaron a él y le dijeron: "Padre mío, si el profeta te hubiera dicho que hicieras algo grande, ¿no lo habrías hecho? ¡Cuánto más, entonces, cuando te dice: 'Lávate y sé limpio'!" Así que descendió y se sumergió en el Jordán siete veces, como el hombre de Dios le había dicho, y su carne fue restaurada y quedó limpia como la de un niño (2 Reyes 5:13-14).

Naamán estuvo a punto de perder su oportunidad de ser sanado integralmente porque sus suposiciones no eran realistas. Su poderío militar y su éxito no tenían relevancia en esta situación. Lo mismo es cierto para ti. Incluso si eres un creyente maduro, aún puedes tomar acciones equivocadas debido a un pensamiento equivocado. Al final, Naamán tuvo que humillarse y admitir que estaba equivocado y que sus siervos tenían razón. Con toda probabilidad, esa era la razón por la que Dios le había enviado las instrucciones que le dio a través del profeta: para que Naamán mostrara un poco de humildad, porque sabemos que Dios da gracia a los humildes, pero resiste a los soberbios.

    ¿Tienes pensamientos de orgullo que te llevan a acciones de orgullo? ¿Estás tan enamorado de tus suposiciones de cómo Dios y los demás deben actuar que te pierdes lo que Él o ellos pueden estar haciendo cuando no está de acuerdo con tu plan predeterminado? Si lo haces, entonces Dios no puede ayudarte porque tu pensamiento está torcido. Él está confrontando tu orgullo haciendo algo de una manera que nunca esperabas. Eso significa que debes trabajar para cambiar tu forma de pensar y tus suposiciones si quieres ver a Dios moverse a tu favor.

    Al cerrar este libro, espero que hayas aprendido lo importante que es reflexionar en lo que piensas. Es necesario desafiar tus puntos de partida y suposiciones y luego realinear tu pensamiento donde y cuando no se alinee con la fe. Si tienes el coraje de enfrentar tus miedos y aceptar que juegas un papel importante en lo que Dios puede y quiere hacer a través de ti, entonces liberarás tus pensamientos para que fluyan y funcionen como Dios quería.

    Dios no está buscando robots o receptores de radio pasivos que solo se activan o funcionan cuando reciben una señal del cielo. Él quiere que renueves tu mente para que puedas participar activamente con Él en el proceso de encontrar y cumplir tu propósito. Espero que las lecciones de este libro te hayan ayudado a lograr ese fin y continúen ayudándote a medida que te involucras en el trabajo de toda la vida de desbloquear el poder de tu pensamiento.

Apéndice

Consejos para escribir en un diario

Catherine Franz ha enseñado a escribir en un diario durante los últimos 15 años, incluidos dos presidentes y primeras damas de los Estados Unidos, y cientos de talleres a nivel internacional.

http://www.catherinefranz.com
Blog:
http://abundance.blogs.com/intothelight
Fuente del artículo
http://EzineArticles.com/?expert=Catherine_Franz

No hay reglas estrictas para llevar un diario. La frecuencia con la que escribes, el tiempo que dedicas y el rigor con el que mantienes un horario regular de diario son cuestiones de elección y circunstancias personales. Por lo tanto, es importante encontrar lo que funcione para ti.

Permítanme proporcionar nueve pautas que promuevo:

1. *Tener un tiempo regular para escribir un diario fomenta la rutina y la disciplina.* Escribir un diario no se trata necesariamente de lo que escribes, se trata simplemente de expresar tus pensamientos para construir un equilibrio emocional. Busca un momento del día que te haga sentir bien. Regresa a esta hora tan a menudo como sea posible, incluso si crees que no tienes nada que decir, si estás cansado o si no estás del todo despierto. Empieza por anotar una cita que hayas recordado o un mantra que estés utilizando ahora para cambiar. Tal vez incluso una lista de cosas que debes hacer ese día o al día siguiente. El proceso solo requiere un punto de partida. El resto fluirá de forma natural. Todo el mundo necesita tiempo personal para procesar su pensamiento. Desarrolla la inteligencia emocional (EQ). Permítete, sé amable contigo mismo y date permiso para estar emocionalmente equilibrado.

2. *Prepara tu espacio para el éxito.* ¿Prefieres que tu entorno sea tranquilo? Tal vez necesites ajetreo y bullicio a tu alrededor. ¿Prefieres música específica o ciertos materiales de escritura? Me gusta tener mi manta favorita a mi alrededor cuando pienso en cosas personales. Me gusta escribir sobre cosas de negocios en un lugar ruidoso. Me gusta escribir sobre marketing en McDonalds con olor a papas fritas y grasa. ¿Dónde están los tuyos?

3. *Desarrolla un ritual de centrado.* Al asociar el diario con otro hábito placentero, puedes fortalecer tu práctica de diario y crear una atmósfera de autocuidado. El ritual puede incluir una copa de vino, té o café. Puede ser después de un teléfono con alguien. Puede comenzar con una determinada pieza musical. Tal vez la meditación, los ejercicios de respiración profunda o la oración te centren. Tengo una lista de formas de centrar el mecanografiado y pegado en la parte delantera de cada revista. Voy por la lista y empiezo con el que me parece correcto en ese momento.

4. *Comience con un mensaje.* Tal vez quieras enfocarte en un tipo particular de cambio de desarrollo personal y un mensaje te lleve a ese enfoque más rápido. O tal vez un aviso de reflexión general enciende las bujías. Por ejemplo, "¿Qué estoy sintiendo en este momento?" o "¿Qué ha estado en mente?" La autora del diario, Anais Nin, sugiere preguntarse: "¿Qué se siente vívido, cálido o cercano a ti en este momento?"

5. *Escribe porque sabes que hay un gran beneficio para ti al hacerlo.* No permitas que escribir en un diario se convierta en una obligación o una tarea. Permítete darte a ti mismo. Sé amable y gentil durante este proceso. Permite que la experiencia siempre se vea como posible, sin importar lo que se vierta en la página. No te exijas más de lo que puedes dar en ese momento. Es perfecto. Si pierdes un día o varios días, acepta que escribir un diario, como la vida, es imperfecto y continúa. Empieza de nuevo cuando tengas la oportunidad. Castigarte por no escribir en tu diario no va a ayudar a nadie, ni siquiera a ti. Nadie te está calificando. Nadie está midiendo y rastreando. Sé amable contigo mismo. Recuerda, no hay reglas.

6. *Crea un ciclo de retroalimentación positiva.* A medida

que continúes usando el diario como una oportunidad para estar contigo mismo y aprender sobre ti mismo, descubrirás que la práctica gana impulso por sí sola. Descubrir tus propias profundidades ocultas despierta tu curiosidad y te estimula a continuar, estableciendo un ciclo de retroalimentación positiva entre tu mente consciente e inconsciente. Abre las brechas que se interponen entre el espacio y el tiempo. Abre la creatividad, la imaginación y las posibilidades.

7. *Enfatiza el proceso y no el producto.* Un propósito importante de escribir un diario es simplemente expresar y registrar tus pensamientos y sentimientos. Concéntrate en el proceso de pensamiento. Que las palabras fluyan y deja de preocuparte por el resultado. Si tu diario es sobre algo específico, vuelve a leerlo. Deja espacio para editar si lo deseaS. Siéntete libre de tachar palabras porque cambiaste de opinión y encontraste una mejor. Permítete tachar párrafos y reescribirlos para que realmente signifiquen lo que dices. Todo esto es parte del proceso de pensamiento. Cada vez que reescribes tu punto de vista, tu crecimiento se triplica. Usa tu diario como materia prima de procesamiento para un pensamiento más pulido.

8. *Aprende de tus experiencias.* Establece una hora para volver a leer tus escritos. Es bueno ver cuánto has crecido en tu pensamiento. Refuerza la forma en que has cambiado y crecido. Es una forma maravillosa y personal de darte una palmadita en la espalda de la vida. Cuando vuelvas a leer el material, busca patrones y correlaciones. ¿Qué mejoró? ¿Qué permaneció igual? Aprender de ti es mucho más suave para la autoestima. Usa la objetividad para ver una nueva perspectiva o una lección retrospectiva.

¡Relájate, diviértete y ríe! Escribir un diario es tu propia recompensa. Una vez que comiences, tu diario se convertirá en un buen amigo. Está disponible siempre que lo necesites. De día, de noche, en casa, en el coche o en una cafetería. Es un amigo las 24 horas del día, los 7 días de la semana y siempre está listo para amarte si se lo permites.

Tu diario te ama por ser tú.

Acerca de John W. Stanko

John fundó una compañía de desarrollo personal y de liderazgo, llamada PurposeQuest, en 2001 y hoy en día viaja por el mundo para hablar, consultar e inspirar a líderes y personas en todas partes. De 2001 a 2008, pasó seis meses al año en África y todavía disfruta de visitar y trabajando en ese continente. Más recientemente, John fundó Urban Press, un servicio editorial diseñado para contar historias de la ciudad, desde la ciudad y para la ciudad. John es autor de 90 libros.

Manténgase en contacto
con John W. Stanko

www.purposequest.com

o por correo electrónico at johnstanko@gmail.com

John también realiza un extenso trabajo de ayuda y desarrollo
comunitario en Kenia.

Puedes ver algunos de sus proyectos en
www.purposequest.com/donate

Apartado de correo de
PurposeQuest International
PO Box 8882

Pittsburgh, PA 15221-0882

Títulos adicionales en La serie Desbloqueando Por John W. Stanko

Más Libros de John Stanko en Inglés

A Daily Dose of Proverbs
A Daily Taste of Proverbs
Changing the Way We Do Church
I Wrote This Book on Purpose
Life Is A Gold Mine: Can You Dig It?
Strictly Business
The Faith Files, Volume 1
The Faith Files, Volume 2
The Faith Files, Volume 3
The Leadership Walk
The Price of Leadership
What Would Jesus Ask You Today?
Your Life Matters
Live the Word Commentary: Matthew
Live the Word Commentary: Mark
Live the Word Commentary: Luke
Live the Word Commentary: John
Live the Word Commentary: Acts
Live the Word Commentary: Romans
Live the Word Commentary: 1 & 2 Corinthians
Live the Word Commentary: Galatians, Ephesians, Philippians,
Colossians, Philemon
Live the Word Commentary: 1 & 2 Thessalonians,
1 & 2 Timothy, and Titus
Live the Word Commentary: Hebrews
Live the Word Commentary: Revelation

Ediciones en Español

Cambiando la Manera de Hacer Iglesia

La Vida Es Una Mina De Oro: ¿Te atreves a cavarla?

No Leas Este Libro: (A Menos Que Quieras Convertirte En Un Mejor Líder)

Fuera lo Viejo, Bienvenido lo Nuevo

Gemas de Propósito

Ven a Adorarlo: Preparándonos para Emmanuel